「苦」をつくらない

サピエンス（凡夫）を超克するブッダの教え

曽我逸郎
Soga Itsuro

高文研

「苦」をつくらない◉目次

第7章 三学《さんがく》 慧《え》――自分のこととして

無常＝無我＝縁起を確認、納得する

装丁＝商業デザインセンター・増田絵里

「苦」をつくりださなくなる方法を見出したブッダ（釈尊）

──「はじめに」にかえて

「無用の苦」に気づく

ブッダ（釈尊）の教えに学ぶべきは、差別され苦しめられている人たちばかりではありません。差別する側、世の中を支配している側の人たちにこそ、ブッダ（釈尊）の教えは問いかけられ、学ばれなければなりません。

ブッダ（釈尊）は、人が苦をつくり、自分と人を苦しめ、互いに苦しめ合っているのを見て、苦をつくらなくなる方法を教えてくれました。そして、世の中を支配する影響力をもつ人たちの方が、支配されている人たちよりもはるかに多くの苦をつくりだしています。であるなら、世の中の苦を減らすためには、支配している側にこそ、ブッダ（釈尊）の教えは学ばれねばならないはずです。

こんなことを考えたのは、二〇一六年一〇月、インド中西部マハーラーシュトラ州のナグプールに出かけた時のことです。ヒンドゥー教から仏教への集団改宗運動六〇周年を祝う式典に参加しました。この改宗運動は、単なる宗教運動に留まらず、カースト制度の差別に対する抵抗運動でもあります。

カースト制度というと、バラモン、クシャトリヤ、ヴァイシャ、シュードラという四つの階層が思い浮かびます。しかし、そのさらに下、カースト制度の外側に大勢の人々が不可触民として位置づけられ、厳しい差別を受けてきました。カースト制度の起源をたどれば、紀元前一五世紀、アーリア人がインドに侵入し、先住のドラヴィダ人を征服したことにまでさかのぼれるそうですから、恐ろしく長い差別の歴史です。

不可触民とされた人たちは、ダリットと自称するので、ここでもそう呼びます。

ダリットたちは、インドのイギリスからの独立運動に呼応して、差別撲滅の取り組みを始めます。それを先頭で導いたのが、アンベードカル博士です。一八九一年にダリットの家に生まれ、学校で学ぶことを許されない身分であったけれど、非常に優秀であったので教室の外で授業を聞くことを許可され、藩王（マハラジャ）の支援を受けて米国に留学し経済学を学び、英国で弁護士の資格を得るなどして帰国しました。

アンベードカルは、カースト制度廃絶のためにさまざまな制度の実現を目指し抵抗運動を繰り広げます。しかし、ガンディーとの対立もあり重要ないくつかは実現できませんでした。アンベードカルがインド独立と同時にカースト制度もなくそうとしていたのに対して、ガンディーは、ヒンドゥー教徒とイスラム教徒の融和など多くの課題を抱え、時間をかけてそれらに取り組むべきだと考えていたのでしょう。ガンディーは、若い時に南アフリカで列車から引きずり降ろされるという差別を経験していますが、ヴァイシャ（商人階級）のなかでも恵まれた家庭に育ち、カースト差別に対してアンベードカルほどの強烈な嫌悪はもっていませんでした。西洋文明に対してインドの伝統や文化を守ろうとする思いがあり、カースト制度そのものはインドには当面必要と考えていたようです。カースト制度を残しつつ、不可触民をハリジャン（神の子）と呼び変えることで差別に対応しようとしたガンディーに、アンベードカルは強く反発しています。

独立したインドの法務大臣となったアンベードカルは、憲法草案を起草し、差別解消の

インド・マハーラーシュトラ州ナグプールで行われた集団改宗運動 60 周年の記念式典の会場（2016 年 10 月、筆者撮影）

多くの施策を盛り込みます。しかし、阻まれることも多く、晩年、ヒンドゥー教徒である限り差別を脱し得ないとして、亡くなる二カ月前の一九五六年一〇月一四日、五〇万人のダリットとともにナグプールで仏教に改宗しました。

アンベードカルの死後、改宗運動はいったん下火になります。しかし、数奇な縁に導かれ日本からインドに帰化した破格の僧、佐々《ささ》井《い》秀嶺《しゅうれい》師によって運動は勢いを取り戻し、多くの人々がつぎつぎと仏教に改宗しています。

式典の会場は、六〇年前にアンベードカルが集団改宗を行った場所です。おびただしい仏教徒が広場を埋め尽くし、周辺の道路も雑踏であふれ、アンベードカルの肖像や著作、仏像、その他関連するさまざまなものを売る仮設店舗がならんでいました。

仏教徒たちは皆元気で明るく、われわれ日本人十数名がぞろぞろと歩いていくと、つぎつぎと「ジャイ・ビーム！」と声がかかり、合掌してくれます。「ジャイ・ビーム」は、ビームラーオ・アンベードカルをたたえる言葉です。こちらも同じように「ジャイ・ビーム！」と返すと、何人もがわたしの手をとり両手でしっかりと握ってくれました。あちこちに仏旗が翻り、自動車にも誇らしげに掲げられていました。案内をしてくれた若者は、「水道のビジネスを始めたい。ダリットじゃない人たちにも自分の水を飲ませたい」と言っていました。水場を使うことを許されなかったダリットの歴史を克服しようと考えているのでしょう。

改宗式の合間の佐々井秀嶺師（筆者撮影）

インド全体での仏教徒の割合はまだ一％程度とも言われる中、仏教徒が四〇％を占めるナグプールという特別な街での記念式典とはいえ、長らく絶望的な差別に苦しめられた末に仏教徒になった人たちの、希望と自信と誇りに満ちた表情に大いに感銘を受けました。

アンベードカルと佐々井師とがやり遂げた業績に感嘆しつつも、冒頭に書いたように、差別される側以上に、支配する側こそが、ブッダ（釈尊）が残した、苦をつくらなくなる教えを学ぶべきだと感じました。

また、目を転じてみれば、苦しめられているのはダリットたちだけではありません。悲惨な状況として、今、誰もが思い浮かべるのは、中東やアフリカの内戦の続く地域のありさまでしょう。宗教間の対立があり、また同じ宗教内の宗派間の対立もあります。自爆テロが繰り返され、テロ組織壊滅を掲げる攻撃でたくさんの女性や子どもが巻き添えになっています。一見宗教対立のように見えますが、権力争いや大国も含めた利害の思惑がその裏には渦巻いています。人々の欲を掻き立てる石油がなかったら中東はもっと安定していただろうと言われますが、そのとおりでしょう。

混乱する中東やアフリカを逃れて、安定していて経済的にも恵まれたヨーロッパへ危険を冒して移動しようとする人たちも大変な数に上っています。そして、彼らが向かうヨーロッパの人々の間では、自分たちの平穏な暮らしが掻き乱されるのではないかと恐れて、排外主義や差別が広がっています。

世界レベルの大きな問題ばかりではありません。わたしたちの身近な日常も、苦に溢れています。隣近所、あるいは友人同士で、十分な敬意を払われなかったとか不公平な負担をさせられたとして、内心に不満をため込みます。通勤の電車の中でも、隣に座った人の足が自分のスペースにはみ出してくるとか、そんなつまらないことでわたしたちはいらだちを募らせます。インターネットには、立場の弱い人たちへのヘイトがあふれています。

ところが、考えてみれば、これらはみんな本来なら苦しむ必要のない、無用な苦ではないでしょうか。なぜなら、いま挙げたたくさんの苦は、天が与えた運命ではなく、どれも人が自分たちでつくりだしているからです。人が苦を生み出し、自分と他の人とを苦しめています。

「苦の原因は、執着である」

では、なぜ人は、無用な苦をつくりだし、自分を苦しめ、互いに苦しめ合うのでしょうか。

「苦の原因は、執着である」

ブッダはそう教えています。そして、執着がどのように苦をつくるのか、その仕組みを解明し、どうすれば執着を鎮めることができるのか、全生涯をかけて、懇切丁寧に、工夫を凝らして教えてくれました。苦をなくすための段階を追った具体的カリキュラムも残してくれています。世界の苦を減らしたいと願うなら、ブッダ（釈尊）の教えは参考にする価値があるはずです。

確かに、ブッダの時代にもブッダの身近なところで戦争はあり、ブッダが生まれ育った部族も攻め滅ぼされています。その後の仏教圏の歴史においても、人々は戦争を繰り返し、立場の弱い人たちを抑圧してきました。最近では、ミャンマー（ビルマ）で圧倒的多数の仏教徒たちが、少数派イスラム教徒のロヒンギャを迫害していると報じられています。残念ながら、ブッダの教えも苦の生産を停止することはできなかった、と言わざるを得ません。

しかし、ブッダが発見したことは、実は、ブッダ自身が教え伝えることは不可能だと諦めかけたほど、普通のものの見方からは遠く隔たっています。宗教としての仏教はずいぶん広まりましたが、本当のブッダの教えは、ブッダが心配したとおり、ほとんど理解されることはなく、仏教は次第にブッダの教えとは異なるものに変わってしまっているのです。

現代の仏教のイメージはどういうものでしょうか。ブッダの教えがわたしの考えの根本だと知った知人から、「仏教なのになぜそんなに世の中のいろいろな問題にかかわろうとするのか」と問われたことがあります。

確かにわたしは、沖縄県辺野古《へのこ》の米軍基地ゲート前に何度か座り込みましたし、「脱原発をめざす首長会議」にも参加しています。村（長野県上伊那郡中川村）では、「村を挙げてTPP反対デモ」をしました。村の自衛隊協力会に呼ばれた時は、集団的自衛権は売国的だと批判しました。「国旗に一礼しない村長」としても話題になりました。最近は、種子法廃止と改憲、特に緊急事態条項に対して問題提起せねばならないと考えています。

質問をくれた方は、このような現実社会の問題に首を突っ込むことは仏教らしくないと感じたようです。仏教には、世俗を避けるイメージがあるのでしょう。

確かに、ブッダは、出家して修行に専念することを勧めました。俗事にかかわらないことを教えたと言えます。しかし、それは修行の方法であって目的ではありません。

ブッダの教えの眼目は、苦の滅です。苦をつくるのは人の執着であって、執着の根っこを掘り崩して執着の反応を止めれば、苦の生産も止まります。そのためのプログラムを残してくれました。

プログラムの最初は戒です。後で詳しく説明しますが、これは、苦をつくらぬように自分という反応にいつも気をつけていなさい、という教えです。ところが、わたしたちは凡夫《ぼんぶ》であって、執着によって苦をつくり続けています。凡夫という言葉は、英語ならordinary person（普通の人）の意味であって、けして蔑《さげす》みの言葉ではありません。仏でない我々は、全員凡夫です。我々凡夫は、自然な、しかし間違ったものの見方（妄想）にどっぷりと捕らわれているので、執着を自覚できず繰り返し苦をつくってしまいます。苦をつくるのは執着による自動的反応なので、なかなか自覚することはできません。ましてや、ブッダ（釈尊）の教えに関心のない人に「苦をつくらぬよう自分に気を付けていなさい」と要求しても、なかなか聞いてはくれないでしょう。であれば、「あなたは今、苦をつくっていますよ。よしなさい」と教えてあげるほかありません。わたしたちはみな凡夫で不完全なのですから、互いに間違いを指摘し合い、学び合って、苦をつくらない努力を広げていくことが必要です。これが、わたしが世の中の苦をつくるさまざまな問題にかかわる理由です。

しかし、苦を生む反応に、ひとつひとつ対症療法的に対応しているだけではきりがありません。世界を覆う苦をわずかなりとも減らすために、苦を生む根本原因である執着の、世の中全体のレベルをいくらかでも引き下げることはできないか。

これが、この本の目標です。

ブッダ（釈尊）の教えの核心は「無我」

世の中の苦を減らしていくためには、最終的には、世の中を支配し、多くの苦をつくっている人たちに「苦をつくることは恥ずべきことだ、もうやめよう」と思ってもらわねばなりません。しかし、支配する側の人たちは、自分が自分の執着を人よりうまく叶えていることを内心自慢にしています。そのような人たちに、いきなり「あなたは執着によって苦をつくっていることを自覚しなさい」と伝えても、聞く耳を持ってはくれないでしょう。

まずは大多数の支配されている側のわたしたちが、自分たちの苦を直視した上で、その原因をしっかりと考えてみる必要があります。その結果、執着によって自動的に苦をつくってしまう仕組みが、人類すべての課題として広く認識されるようにならないかと期待します。そのようにして、支配する側の人たちをも反省へと追い込んでいくしかありません。

このような目論見で、ブッダ（釈尊）が慈悲と方便を尽くして説いてくれた教えを、宗教を問わず広く問いかけたいと思います。

ブッダ（釈尊）の教えの核心は、端的に言えば「無我」、つまり「私」は存在しない、ということです。

このことが一般的知識としてではなく、切実な自分のこととして実感できれば、存在しない自分に執着すること（我執）が、愚かで無駄な努力であったと痛感され、執着の反応は消沈し、苦をつくることは減っていきます。我執は、あらゆる執着の根っこなのです。無我を自分のこととしてどしんと腑に落ちて納得できた人は、「仏」と呼ばれます。

「なにを馬鹿なことを言っている⁉　私はここにいるぞ！　私がいなければ、誰がこの本を読んでいるんだ⁉」

そうお考えになったことでしょう。そのとおり、確かにブッダの教えは、一見、荒唐無稽な常識外れです。自然なものの見方とはなかなか相容れません。なぜなら、自然なものの見方の間違いを根本から訂正するものだからです。それゆえ、ブッダ自身が危惧して説法を躊躇したとおり、正しく理解する人はほとんどいませんでした。「仏教」と呼ばれる宗教は広がりましたが、今やその大半はブッダの教えとは違うものです。

　ですから、ブッダ以降も世界の苦が減らなかったのは、ブッダの教えが無力だったからではなく、ブッダの教えが正しく伝わっていかなかったためだと考えることができます。

人々がつくりだす「苦」は増大している

　ブッダの時代からおよそ二五〇〇年が過ぎました。科学技術は発達し、社会が複雑化・巨大化・緊密化したのと歩調を合わせて、わたしたちの生み出す苦は甚大なものになっています。

　今、世の中を動かしているパラダイムは、このようなものではないでしょうか。

「世界は決まった自然法則に則って変化している。その法則を解明してうまく利用すれば、自然を自分たちに都合よく便利に得に使うことができる」

　自然法則の発見や理解、その利用方法の開発は大変なスピードで進展しています。しかし、その根っこにある「自分に都合よく便利に得に」という動機が執着であることには、ほとんど注意が向けられていません。ましてや、執着が苦を生む反応であることは忘れられています。その結果、科学技術の発達にともない、「都合のよさ、便利さ、得さ」が増大したのに比例して、執着によって生み出される苦も甚だしいものになっています。ハイテク兵器やグローバル経済における富の独占がもたらした状況を見れば、それは明らかです。メディアの発達によって、人々の執着を操り、動員するプロパガンダの技術も進歩しました。その結果、苦の生産にはますます拍車がかけられています。

これになんとかブレーキをかけ、状況を多少なりとも「まし」なものにしなくてはなりません。そのためには、我々の自己評価を改め、世の中のパラダイムを苦をつくらない方向にずらすしかないと考えます。

つまり、「私は、合理的にしっかりと考えてなにごともきちんと計画し実行する賢い一貫した存在である」と思い込んだまま執着を暴走させるのではなく、「わたしは、存在ではなく、そのつど縁を受けて反応する現象だ。その多くは執着に基づく反応であり、その結果、自動的に苦をつくってしまっている。にもかかわらず、わたしたちは凡夫であるためそのことに気づかず、苦をつくり続けている。だから、自分の反応に気をつけていなければいけない」、そう思うようにしたいのです。

そのために、この本で「無我」すなわち「私は存在しない」というブッダ（釈尊）の教えを改めて問いかけたいと思います。

科学技術の進展によってつくりだされる苦が飛躍的に増えてしまった一方で、科学による知識もずいぶん深まりました。ブッダは自分自身を徹底的に突き詰めて探究しましたが、科学にも人間を研究する分野があります。それらも参照しつつ、もう一度ブッダの教えに向き合ってみれば、我々は、かつてよりはブッダの教えを理解しやすくなっている一面も少なからずあるでしょう。

この本が目指すところは、読者を仏にすることではありません。仏教に改宗させようとしているわけでもありません。ブッダの発見は、仏教の世界にしか通用しないことではないのです。人類すべてにあてはまる普遍的な事実です。それをみんなでシェアしたい。それによって、世界の執着のレベルをいくらかでも低下させたいのです。

かつて世界の常識が天動説から地動説へ移り変わったように、「立派な私が存在する」という思い込みが、「わたしとはそのつどの執着の反応だ」という理解に変わっていくように後押ししたいと思います。多少なりともそれが実現できれば、苦の生産はなにがしか減らせるはずです。

もとよりこのような中途半端な試論で、ブッダ（釈尊）さえ躊躇したことが達成できるはずもありません。ひとりの仏弟子が発心《ほっしん》、精進して自分の執着の反応を封じることも非常にハードルが高いことですが、世の中全体の執着のレベルをわずかでも下げるのも、簡単なことではありません。しかし、この苦にまみれた世界にさらに新たな苦を加えることをなんとか減らしたいと考えている人たちの中から、一人でも二人でも共感してくれる人が現れ、引き継ぎ、掘り下げ、よいものを継ぎ足してくれれば、「なるほどそういう見方もあるか」と考える人がだんだんと増えていくのではないかと期待します。この本がその縁になれればと切に願います。

曽我逸郎

序論

ブッダ（釈尊）が発見したこと

ブッダ(釈尊)の生い立ち

初めに、ブッダ（釈尊）について簡単に触れておきます。

ブッダは、わたしたちと同様に人間です。神と呼ばれるような超越的存在ではありません。

そもそも「宗教を興そう、教祖になろう」としたわけでもありません。自分自身の苦悩をなんとか解決しようともがき、それを成し遂げてみれば、すべての人にあてはまる革命的な発見だったので、人々を苦から救うために懸命にそれを教え伝えようとした。それがブッダの生涯です。

ですから、もし宗教が「超越者に帰依すること」であるならば、ブッダの教えは宗教ではありません。また、宗教がなにか不合理で非論理的なことを信じることだとすれば、ブッダの教えは、やはり宗教ではありません。ブッダの教えは、自然なものの見方から大いに隔たり、常識の枠組みからは理解しがたいけれど、きわめて合理的、論理的です。ですから、宗教としてではなく、宗教の枠を超えて、他の宗教を信仰している人にも納得してもらえるはずです。この本を読み進んでもらえれば、そのことは理解していただけるでしょう。

昔、ガンジス川とヒマラヤ山脈の間、現在のインドとネパールの国境付近に、釈迦族と呼ばれる人たちが暮らしていました。その部族のリーダーの一人を父として、ブッダ（釈尊）は、紀元前五〇〇年前後、今から二五〇〇年ほど前に生まれました（生没年は諸説あり）。

日本ではよく「お釈迦様」という呼び方をしますが、釈迦は部族の名前であって、個人や家族の名前ではありません。ブッダ（釈尊）の姓はゴータマで、経典でも「ゴータマよ」と呼びかけられている記述がありますが、この試論では、釈迦族の尊者、という意味で「釈尊」と呼ぶことにします。（以下の釈尊の生涯についての記述は、基本的には『中村元選集第一一巻　ゴータマ・ブッダⅠ』〈春秋社、一九八五年〉を参考にしています。）

夏用と冬用に別の館があったという伝承もあり、豊かな生い立ちでしたが、生みの母は釈尊を出産してすぐに亡くなっています。

生まれたばかりの釈尊を仙人が見て、「この子は、世界の偉大な王になるか、あるいは出家すれば世界を救う偉大な覚者になる」と預言します。我が子の出家を恐れた父は、息子に悩みを抱かせないように、不幸を遠ざけ、楽しく充実した毎日を送らせます。釈尊は、

釈尊が出家まで過ごしたカピラヴァストゥの遺跡だと主張される候補は、国境をはさんでネパール側とインド側の２カ所がある。写真はネパール側遺跡の東門（2018年２月、筆者撮影）

聡明で健康な若者に成長し、結婚し、子どもも生まれます。

しかし、父親の心配りも虚しく、釈尊は深く思い悩むようになり、ついに出家に至ります。

そのエピソードとしていくつかの物語が伝えられています。

ひとつは、有名な「四門出遊《しもんしゅつゆう》」です。父の配慮によって不幸から注意深く遠ざけて育てられた釈尊は、ある日城壁の門から外に出て、老いさらばえた人に会い、次の門の外で病人に出会い、別の門の外では死人を見て、老病死の苦を初めて知り、憂え、四つ目の門を出て出家修行者に出会い、その清い姿にあこがれ出家を考えるようになった、という物語です。

四門出遊はできすぎた話のようにも感じますが、もう一つの話は、わたしには、とても説得力があり、共感できる物語です。

宴の後、夜更けにひとり目を覚ました若き釈尊は、踊り子や歌い手など着飾った娘たちが、よだれを垂らし着物もはだけただらしない姿で月の光を浴びて互いを枕に眠りこけている姿を目にして、まるで死体の山のようだと思い、窓の外の父の館も墓のように見え、今の暮らしを厭う気持ちが高まった、というものです。

わたしは、学生運動が下火になったころ、サイゴンが陥落してベトナム戦争が終わった年（一九七五年）に大学に入ったポスト全共闘世代です。入学した当初は赤いヘルメットがあちこちにありましたが、すぐに見かけなくなりました。特に、中国とベトナムの国境紛争は、世界プロレタリアートの連帯をナイーヴに信じていた若者たちを思考停止状態に陥らせ、その後には、新興宗教が学内に広がってきました。当時は、今のような貧困問題もなく、生きることにはそれほど不安を感じませんでしたが、なにごとにも価値を認めることができずにいました。社会全体が、無意味さから目を背けるためにつまらないことで追い立て合い時間つぶしに明け暮れているとしか思えませんでした。どう生きればいいのか、なにをすればいいのか、学問の道も就職もすべてがむなしく感じられ、いらいら鬱々としつつ、自分自身も世の中の人々も軽蔑して日々を過ごしていました。その頃のわたしの気分とこの物語の釈尊の気持ちとは、どこか繋がるものがあるように感じます。

釈尊の生まれ育ちは、イエス・キリストと好対照です。イエスは、貧しい家に生まれ、独身のまま若くして十字架にかけられました。一方の釈尊は、豊かな家庭に生まれ、早々に生母を失ったものの、不自由なく育てられ、妻子も持ちながら、その生活にむなしさを感じていたのです。

父親の期待、また部族や家族への責任を背負いつつ、内面の苦悩との間でずいぶんな葛藤があったことでしょう。そして、ついに二九歳の時、釈尊は父親の期待を裏切り、妻子を棄てて家を出ます。

初めに都会へ向かい、二人の瞑想の達人を順に訪ねます。どちらの師についても、早々に同じレベルに到達し、ここにはこれ以上学ぶべきものはないと知って、森に入り苦行の生活を始めます。

絶食、不眠など、ありとあらゆる苦行を行いました。痩せて骨と皮ばかりになった釈尊が座禅する像をなにかで見た方も多いでしょう。動物の排泄物を食べる、息を止めたまま瞑想する、といった苦行も経典には書かれています。

釈尊は激しい苦行を六年間続けましたが、ある日、「苦行は無意味である」と知って放《ほう》擲《てき》し、村の娘スジャータの供する乳粥を食べ、快適な場所に座をしつらえ瞑想し、ついに無常＝無我＝縁起の理《ことわり》を見出し、長年の苦悩は解消されます。

無常＝無我＝縁起とは

無我は、すでに記したとおり「私は存在しない」ということです。

縁起については、少し先走って解説しておくと、「これあればかれあり。これ生ずるが故にかれ生ず。これなければかれなし。これ滅するが故にかれ滅す」という言葉で言い表されてきました。つまり、「ものごとは条件によって生まれ、条件がなくなれば終息する。そのような時間の中の現象である」ということです。例えば「火があれば、煙あり。火なければ煙なし」という見方は、縁起の見方です。大変論理的であり、科学的であるともいえるでしょう。

ただし、釈尊が縁起を発見したのは、自分を対象とする観察においてです。縁起という観点で分析したのも、自分自身であり、人の反応でした。後でまた触れますが、縁起を外界の自然などに関することとして拡張して捉えると、釈尊の教えから迷いだし、往々にして危険な領域に踏み込んでしまいます。釈尊がせっかく脱却した妄想に、また後戻りすることになりかねません。外の自然についての言及は、初期経典にはほとんど見当たりません。釈尊は、世界を論ずることなく、ひたすら人間を苦から救うことを目指したのです。

では、人における縁起とは、どういうことでしょうか。

刺激（縁）を受けると、そのたびに身体という場所において、さまざまな反応が次々とドミノ倒しのように連鎖して起こる、そして、自己意識、つまり「私が……」と意識する反応は、それらの連鎖の一番後に起こる、という発見です。

これを一文にまとめれば、「わたしとは、そのつどそのつど縁によって起こされる、一貫性のない反応の断続であって、持続的実体的な存在ではない」ということです。「そのつどの一貫性のない断続」が「無常」ということです。さまざまな縁に触れて起こされる（＝縁起）、その時その時の一貫性のない断続的な（＝無常な）反応を十把一絡げにまとめて、後付けで「私」という妄想のラベルが貼られるのです。妄想によるそのつどのラベルにすぎない「私」があたかも一貫して存在しているかのように思いなし、それに執着してしまいます。その結果、わたしたちという反応は、たいてい執着の反応になっており、苦をつくってしまうのです。

無常と無我と縁起とは、仏教のあまたあるキイ・ワードの中でも聞き覚えのある方が多いのではないでしょうか。この三つは、無関係に別々のことを説いているのではなく、右に書いたとおり、わたしとはどういう現象であるかというひとつのことを、三つの異なる角度から立体的に説明しているのです。ですので、わたしは、しばしば「無常＝無我＝縁起」という形で等号で結んで一体として表記しています。

この無常＝無我＝縁起、すなわち「わたしとは無常であり無我であり縁起の反応である」という発見は、釈尊の教えの核心です。認知科学や脳科学の知見とも重なるところが多く、そういった方面にも触れながら、後で詳しく論じます。

また、常住の実体として妄想された「私」と普通の一人称の「わたし」とを区別するため、漢字とひらがなで書き分けることにします。どちらにすべきか迷う微妙な場合もありましたが、そういう読み方をしてください。

さて、仏教に詳しい方は、わたしの説明に対してこう思ったかもしれません。「釈尊が覚ったのは十二支縁起である。曽我の説明とは違う」と。

確かに律蔵《りつぞう》にはそのように書かれています（律蔵というのは、仏教典籍を三つに分けたジャンルのひとつで、僧団のルールを記録しています。釈尊の教えを書き残した経蔵《きょうぞう》と、それを注釈し解説する論蔵《ろんぞう》とあわせて三蔵と呼ばれます――筆者註）。

十二支縁起については、後ほど批判的に検討します（一八六頁参照）。しばらくお待ちください。

なぜ「苦行は無意味」なのか

苦行放擲《くぎょうほうてき》の理由を、経典は「苦行は無意味だと知って」とさらりと書いています。しかし、苦行がまったく無駄だったかというと、実は、わたしにはそうとは思えないのです。六年間の長い苦行を放棄したすぐ後に覚りを得たのですから、なんらかの貢献はあったはずです。おそらく、「苦行は無意味である」という気づきそのものの中に、無常＝無我＝縁起の発見に至る閃きが宿っていたと思います。

一般に、苦行とはどういう考え方に基づくのでしょうか。

〈わたしの霊魂、あるいは「本当の私」は、本来はもっと完璧な存在であるのだが、肉体がそれを閉じ込め汚し、自由な働きを阻害している。なんとかして肉体の束縛を弱めて、「本当の私」を肉体から解放しよう〉

こういう考えが、苦行の背景にはあると思います。

肉体の中の本来自由な「真の我」を解放しようというのは、インドの伝統であるバラモン教の考え方でもあります。バラモン教では、「真我」はアートマンと呼ばれました。「アートマンを束縛から解放し、ブラフマン(=梵、すべてを超越する宇宙原理)とひとつにする(本来ひとつであることを体得する)ことが真の解脱《げだつ》である」――これがインド主流の梵我一如《ぼんがいちにょ》思想《しそう》です。そのために観念的な思想体系を構築し、複雑なさまざまな祭式を行いました。

釈尊の当時、北インドでは商業経済が進捗し、都市的な文化が誕生し、勢力をつけた国家間の争いがあり、時代の変化が起こっていました。この変化の中で、伝統的なバラモン教にあきたりない多くの模索が生まれ、ジャイナ教の祖ニガンタ・ナータプッタなど、仏教が六師外道《ろくしげどう》と呼ぶさまざまな思想家、宗教家が現れました。

釈尊もこのような時代背景で家を捨て修業を始めたのです。瞑想を学び苦行に取り組んだのは、バラモン教の観念的な祭式主義には満足できず、もっと直接的にアートマンを解放しようとしたのでしょう。しかし、激しい修行を続けながら冷静に自分を観察する釈尊に、まったく新しい閃きが準備されていきます。

凡庸な修行者なら、苦行によって訪れた変性意識体験を「宇宙の真理を見た、ブラフマンの光とひとつになった」などと勝手な意味づけをし、興奮してさまざまに言い立てたことでしょう。しかし、釈尊はひたすら冷静でした。不眠や絶食といった苦行やその他の条件によって、自分が時には激しく、時には微妙に影響を受ける様を徹底して詳細に観察したのです。その結果、「わたしをコントロールする本当の私、本来の自分（アートマン）が一貫して存在し続けているのではないのではないか（無我）。わたしとは、その時その時の条件、刺激によって引き起こされる（縁起）、その時その時の脈絡のない反応なのではないか（無常）」という、空前の閃きが準備されます。

苦行（肉体を追いつめて、「本来の自分」を解放する試み）など無益ではないか、と気づいた時には、まだこの閃きは明確に言語化されてはいなかったかもしれません。しかし、なにかをつかんだという感触はあった。そして、苦行を放擲《ほうてき》し、新たな気持ちで座禅を組み、じっくりとさまざまに検討し分析して、閃きを深く掘り下げていった。そして、その結果、自立自存の一貫した「我」が存在するのではないこと、わたしとはそのつど縁によって起こされる脈絡のない反応だということが、間違いのない事実として確認されました。

無常＝無我＝縁起がくっきりと納得された時、それまで必死に追求し、執着してきた「我」が妄想であったと分かり、これまでの執着の愚かさが痛感され、ないものを握りしめていた拳の力がほどけたのです。人類すべてが捕らわれ、それのために追い立てられている妄想からの脱却が、ついに達成されました。

「本当の私」は存在しない

無我は、サンスクリット語では、アナートマン（パーリ語：アナッタタン）であり、前述のアートマン（同：アッタン）に否定の接頭辞をつけた言葉です。つまり、釈尊は、梵我一如思想が前提とする「真我」を否定したのです。

バラモン教が想定する「本当の私」、アートマンは、〈唯一無二であり、一貫して存在し続け、わたしのすべてをしっかりとコントロールする者〉という位置づけでした。釈尊は、そのような「本当の私」などもともとどこにも存在しない、と気づいて、みんなが捕らわれていた思い込みから逃れ出たのです。

アートマンほど観念的でなくても、わたしたちも、「私はいる／私は存在する」と考えています。それが自然な考え方であるし、また現実のいろいろな問題に対して、そういう前提に基づいて対処した方が、すばやく、そして大抵は目先の損をしない有利な反応をすることができます。

また、単に自分が存在すると考えるだけではなく、「今のこんな自分ではない、あるべき本当の自分」を妄想します。今の自分とは別の真の自分を想定し、なんとかしてそれを実現しようと執着するところも梵我一如思想と共通です。

しかし、そのような「本当の私」を夢想し、そんな私が実在すると思うのは妄想にすぎません。その思い込みが、わたしたちに自分大事の執着を起こさせ、苦をつくらせています。それゆえ、釈尊の無我の教えは、梵我一如思想をもはや信じていない現代のわたしたちをも、苦をつくることから救ってくれます。

覚りを得てそれを間違いのないものだと検証した釈尊は、これまでの愚かな思い込みのあやまちに気づくことのできた喜びを味わいながらも、「わたしが見つけたこの真理は、世間の常識からあまりにも遠い。理解できる人は誰もいないだろう」と思い、「このままなにもせずに死んでしまおう」と一旦は考えます。しかし、自分に執着して苦しめ合っている人々を憐れみ、「極めて少ないかもしれないが、理解する人もいるかもしれない」と思い直して、説法を開始します。

以後、八〇歳で亡くなるまで、ガンジス川流域を歩き熱心に教えを説き続けます。その内容は、単に真理を解説するというものではなく、自然なものの見方とは相容れない事実を、凡夫（「我あり」という自然なものの見方にどっぷりと染まった普通の人―筆者注）にもなんとか自分自身のこととして納得できるように段階的に導こうという、慈悲の方便、工夫にあふれた実践カリキュラムでした。

「凡夫の自覚」を遠ざける梵我一如型の思想

少し補足をして、梵我一如思想の梵について、釈尊がどう考えていたかも、推察しておきましょう。後の仏教が釈尊の教えから変質していったことを考える際、梵の概念の理解は大いに役立ちます。

釈尊は、アナートマンという教えでバラモン教のアートマンを否定しました。一方で、アートマンと思想的にペアであるブラフマン（梵）については言及していません。少なくともわたしは見たことがありません。これは、釈尊が梵を認めていたということではなく、釈尊にとって梵は、言及する必要がないだけでなく、危険な概念であり、徹底して遠ざけたのだと思います。

梵は、「すべての個物や対立概念を超越し、同時にすべてを生み出しすべてを包摂する絶対的に肯定すべき全体」という想定です。従って、自分自身も梵に内包され、本来梵と一体である、という考えを含んでいます。これを体得することが梵我一如思想の目標とする解脱でした。しかし、この考え方では、自分もまた、梵と一緒に絶対的に肯定されることになってしまい、執着によって苦をつくってばかりいる凡夫としての自覚を希薄にします。

ところが、梵を想定して憧れるのは、人間（凡夫）の抜きがたい性向であるらしく、釈尊から五〇〇年を経て生まれた大乗仏教の歴史では、梵と同類の概念がいくつも違う名前で再生されることになります（仏教の梵我一如化。五八頁参照）。

一方、南アジアに展開する上座部仏教では、梵的な要素は乏しいのですが、それは、上座部の基礎を固めた五世紀初頭のスリランカの学僧、ブッダゴーサによるところが大きいようです。ブッダゴーサは、賢明にも瞑想修行中の観察対象から無為法を取り除きました。

無為法とは、「他に縁起せず、生滅・変化することなくそれ自体で存在するもの」という概念であり、涅槃（すべての苦が滅した完成された状態）や虚空（物理的な空間）が代表です。もし「他に縁起せず、生滅・変化することなくそれ自体で存在するもの」を思い描いて瞑想すれば、たやすく梵的ななにかを夢想することになります。その結果、大乗では真如や法界といった名で、眼前の現実を超越し、かつ現実世界全体でもある真実世界が妄想されるようになりました。他方、上座部では、縁によって生滅・変化する自分自身を観察するのが流儀になりました（馬場紀寿『上座部仏教の思想形成―ブッダからブッダゴーサへ』〈春秋社、二〇〇八年〉参照。小論「ブッダゴーサについて―『上座部仏教の思想形成』を読んで」〈http://mujou-muga-engi.com/shouron/bdghosa/〉もご一読を―筆者註）。

釈尊の教えの全体構造

以下の章では順を追って釈尊の教えに分け入っていきますが、その前に釈尊の教えの全体を俯瞰しておきます。

覚りを得た釈尊が、かつての苦行仲間であった五人の比丘《びく》（男性の出家修行者のこと―筆者註）

釈尊の教えの全体構造

四　諦

苦：この世は苦である

集：苦の原因は執着である

滅：執着を滅すれば、苦の生産も止まる

道：執着を鎮めるためのプログラム

⇒三学へ

三　学

戒：苦をつくらぬよう
自分という反応を整える

定：自分という反応をミニマムにして
しっかり観察する

慧：自分のこととして無常＝無我＝縁起を確認、納得する

⇒無常＝無我＝縁起へ

に初めて教えを説いたことを初転法輪《しょてんほうりん》といいます。その内容は四諦《したい》でした。四諦は、釈尊の教えの全体構造を簡潔に説明してくれます。「苦」「集」「滅」「道」の四つのキイ・ワードで示されます。

◈苦《く》：この世は苦であること。

◈集《しゅう》：その原因（集）は、人間の執着であり、執着が苦を生み出していること。

◈滅《めつ》：執着という原因をなくせば、苦も滅すること。

◈道《どう》：執着をなくすためには、順序立てた修行カリキュラム（道）があること。

四番目の「道」の内容は、「八正道《はっしょうどう》」や「三学《さんがく》」として説かれますが、この本では三学で説明します。三学とは、「戒《かい》」、「定《じょう》」、「慧《え》」であり、それぞれ、苦をつくらぬように気をつけること、自分という反応をミニマムにした上で詳細に観察すること、そして、無常＝無我＝縁起を自分のこととして確認すること、です。

では、ひとつずつ考えていきましょう。

第1章 四諦《したい》

苦《く》

――この世は苦である

釈尊の教えの全体構造

四　諦

苦：この世は苦である

集：苦の原因は執着である

滅：執着を滅すれば、苦の生産も止まる

道：執着を鎮めるためのプログラム

⇒三学へ

三　学

戒：苦をつくらぬよう
自分という反応を整える

定：自分という反応をミニマムにして
しっかり観察する

慧：自分のこととして無常＝無我＝縁起を確認、納得する

⇒無常＝無我＝縁起へ

「執着の楽しみ」とは何か

古来、仏教には、仏教と仏教でないものを見分ける四つの印、四法印《しほういん》と言われるものがあります。そのひとつが、「一切皆苦《いっさいかいく》」です（他の三つは、諸行無常《しょぎょうむじょう》、諸法無我《しょほうむが》、涅槃寂静《ねはんじゃくじょう》―筆者註）。

しかし、読者は多分こう感じるのではないでしょうか。

「なにもかも一切が苦しみだと言われたって、人生には、好きな人とおいしいものを食べたり、海に遊びに行ったり、音楽を聴いたり、楽しいこともたくさんあるじゃないか……」

そう思った方が大半でしょう。しかし、仏教では、それらは「執着の楽しみ」と言われます。

釈尊は、無常＝無我＝縁起という発見をじっくりと検討して間違いないと確認した後、一旦は教えを説くことを躊躇します。その際の思いに、釈尊の「執着の楽しみ」に対する考えが現れています。

わたしのさとったこの真理は深遠で、見がたく、難解であり、しずまり、絶妙であり、思考の域を超え、微妙であり、賢者のみよく知るところである。ところがこの世の人々は執著のこだわりを楽しみ、執著のこだわりに耽り、執著のこだわりを嬉しがっている。さて執著のこだわりを楽しみ、執著のこだわりに耽り、執著のこだわりを嬉しがっている人々には、〈これを条件としてかれがあるということ〉すなわち縁起という道理は見がたい。またすべての形成作用のしずまること、すべての執著を捨て去ること、妄執の消滅、貪欲を離れること、止滅、やすらぎ（ニルヴァーナ）というこの道理もまた見がたい。だからわたしが理法（教え）を説いたとしても、もしも他の人々がわたしのいうことを理解してくれなければ、わたしには疲労が残るだけだ。私には憂慮があるだけだ。

（中村元訳『ブッダ　悪魔との対話　サンユッタ・ニカーヤⅡ』岩波文庫、一九八六年）

もうひとつ、サンユッタ・ニカーヤから紹介しておきます。

そのとき悪魔・悪しき者は尊師に近づいた。近づいてから、尊師のもとで、この詩句をとなえた。

子あるものは子について喜び、また牛のある者は牛について喜ぶ。
人間の喜びは、執著するよりどころによって起こる。
執著するよりどころのない人は、実に、よろこぶことがない。

〈尊師いわく、……〉

「子あるものは子について憂い、また牛のある者は牛について憂う。
人間の憂いは、執著するよりどころによって起こる。
実に、執著するよりどころのない人は、憂うることがない」（同右書）

得意先や上司に無理して調子を合わせたり、意味のない作業で残業させられたりして溜めたストレスをカラオケで思い切り発散させる。徹夜して練り上げた企画でライバルを打ち負かし、大きなプロジェクトを獲得して祝杯を挙げる。いろいろな喜びがあるでしょう。しかし、それらは皆、なんらかの苦と表裏一体の喜びです。一時の喜びが新たな苦の原因になることもあるでしょう。自分の苦か人の苦か、あるいは大抵は両方の苦が、裏側にへばりついています。得をしよう、幸せになろうと画策して、うまくいかなかった結果は苦です。うまくいってもつかの間の喜びをもたらすだけで、手に入れた幸福はすぐに退屈に変わります。

「執着依存症」

薬物やギャンブルなどへの依存症というのがあります。喜びが得られそうで得られないフラストレーションの状態が続き、待ちに待った喜びがまれに達成される。それが適当な間隔をあけて繰り返されると依存症になってしまうのだそうです。そう考えると、たいていの喜びは、依存症の喜びであり、つまり、わたしたちはみんな、実は「執着依存症」なのかもしれません。

宗教や民族の違いを理由にする対立が、世界各地にあります。その中には、激しいテロの応酬に陥っている地域もあります。繰り返されるテロの報道を聞くと、こういう言い方は不謹慎かもしれませんが、報復依存症という言葉が思い浮かんでしまいます。

相手方からひどい仕打ちを受けて、怒り、報復を計画し、うまくいかなければ悔しさをつのらせ、次こそはと決意し、うまくいけば快哉を叫んで達成感を充溢《じゅういつ》させ、またすぐ相手から報復され、復讐心を燃え立たせる。これもまた、長く続く不満状態の中にまれな達成の喜びがランダムに訪れるパターンです。遠くから見ると、「なんと愚かな……。どうして止められないのか」と思いますが、テロの応酬のさなかに身を置く人たちは、目先の憎悪や快哉にふりまわされ、広い視野で客観的に自分たちを見ることができず、自分たちの苦を認識できません。もっと大きな視野で何が本当の元凶か分析しなくてはならないのに、目の前の「敵」とのやったやられたに感情を奪われています。

阿片窟で陶然と煙を燻《くゆ》らせる人は、自分では幸福の絶頂を味わっているのでしょう。しかし、扉の外から観察する人の目には、苦にまみれた哀れな姿としか見えません。仏の立場からすれば、ときどきの執着の喜びに浮かれ騒ぎそれを追い求める凡夫も同じように見えているのではないでしょうか。

執着の対象はいろいろです。まわりからの評価だったり、地位や権力だったり、お金だったり、グルメだったり……。しかし、おいしい料理も、満腹以上に食べても気持ち悪くなるだけですし、のんびりすごすバカンスもずっと続けば退屈です。なんでも好き勝手に命令できる権力者は、ドラマではいつもいらだった短気な人物に描かれます。ドラマの演出上のことだけではなく、絶対的権力は人の欲求を高めるだけで、決して満足をもたらしてはくれないのでしょう。お金にしても、いくら蓄えても満足できず、増えれば増えた分だけ投資をして、もっと増やそうとします。執着の喜びは、一時の気散じの果てのない繰り返しに過ぎず、満足をもたらさず、欲望を高め、苦を深めます。

動員された執着がもたらすもの

とはいえ、この本の目的は、読者を出家修行者にして執着の喜びを捨てさせることではありません。家族でごちそうを食べたり、子どもの成長に目を細めたり、いい仕事に誇りを持つといったことまで否定はしません。

問題にしたいのは、戦争や差別や搾取《さくしゅ》といった、大規模に人々を苦しめる構造です。執着の欲に駆られて権力をふるい富を独占しようとする人たちと、その下にコバンザメのようにつき従っておこぼれに預かり、保身だけでなにも考えないアイヒマン〈註〉的な人たちがいます。支配する力のある人たちは、自分の執着を叶えるために、他の人々の執着を煽り巧妙に操ります。動員された執着は、幾重にも積み重なり複雑に組み合わさって、大規模な苦の量産工場を形成し、人々はその中で歯車になり、夥しい苦をつくって世界にまき散らしています。富を独占する者たちと持たざる者たちとの格差が拡大するほど、差別や蔑視、妬みや義憤は拡大し、苦は世界に充満していきます。他の人たちを犠牲にすることを「仕方がないさ」と容認しますが、自分にその番が回ってくるまで、自分が緩慢に犠牲にされていることには気づきません。

この現状をなんとか少しでも改善したい。

「自分が存在しないのに、あるべき自分を妄想して、あれこれ自分のものにしようと執着するのは、愚かなことだ。そのために誰かを犠牲にしてははばからないのは恥ずべきことだ」

そういう受け止めが、あたりまえの規範、常識としてわずかずつでも広がっていくようにできないものでしょうか。

今の世界が差別心をまだ根絶はできていなくても、差別する人がいれば非難されます。それと同じように、自分の執着や保身のために人を犠牲にしたり、それを見て見ぬふりをする人が、ありもしない自分に執着して苦をつくる愚か者であると批判される世の中にならないものかと思います。

社会の大きな問題だけではありません。地域や会社や家族や、さらには満員電車の中のような身近な場所であれ、自分が執着の反応であり、思わず知らず繰り返し苦をつくっているという自覚、そして、他の人たちも自分と同じように凡夫であり自動的に苦を生み出す執着の反応であると理解することは、反省と赦し合いをもたらし、ぎすぎすした人間関係に柔らかなクッションを差し挟んでくれるはずです。

そういう方向に世の中を少しでもずらしていけるように、是非最後まで読み進めてください。

〈註〉 アイヒマン＝アウシュビッツ絶滅収容所長。ナチス・ドイツでユダヤ人らを収容所に送り込む責任者だった人物。一九六〇年逃亡先のアルゼンチンで逮捕。どれほどの極悪人かと思われたが、裁判の過程で、命じられたとおりに職務を果たす凡庸な小役人であったと分かり、そのことが逆に世界に衝撃を与えた。

第2章 四諦《したい》

集《しゅう》

――苦の原因は執着である

釈尊の教えの全体構造

四　諦

苦：この世は苦である

集：苦の原因は執着である

滅：執着を滅すれば、苦の生産も止まる

道：執着を鎮めるためのプログラム

⇒三学へ

三　学

戒：苦をつくらぬよう
自分という反応を整える

定：自分という反応をミニマムにして
しっかり観察する

慧：自分のこととして無常＝無我＝縁起を確認、納得する

⇒無常＝無我＝縁起へ

我執《がしゅう》――執着の根元

四諦《したい》（苦、集、滅、道）の二番目、集は、苦を生み出す原因です。それは、すでに書いたとおり、わたしたちの執着です。

最初期の経典のひとつと言われるスッタニパータにはそのことが端的に説かれています。

世の中にある種々様々な苦しみは、執著を縁として生起する。
（中村元訳『ブッダのことば　スッタニパータ』岩波文庫、一九八四年）

しばしば、わたしたちは、「苦しみが降りかかってくることのないように」と祈ります。苦が、運次第で天から落ちてくるかのように思っています。

しかし、苦のほとんどは、どこか遠くから飛んでくるのではなく、わたしたち自身が自分たちの執着によって生み出しているのです。

苦には、二種類があります。確かに、空から降ってくるような、受け入れるほかはない苦もあります。釈尊でさえ、亡くなる直前には高齢による体の痛みや供された食事による腹痛、下血で苦しんだと、経典（大パリニッバーナ経・大般涅槃経）には書かれています。このような苦は、第一の矢と呼ばれます。それに対して、我々凡夫（普通の人）が執着によってつくりだしてしまう苦が、第二の矢です。ですから、仏は二の矢を受けず、と言われます。第一の矢を受けても、それを原因にして怒りや恨みや妬みなどの反応を起こさず、苦を増やさないのです。

一方、わたしたち凡夫は、第一の矢を受けない場合でさえ、すぐにしょっちゅう苦をつくってしまいます。執着に基づく欲望によって、また怒りによって……。まれに思いが叶ってもすぐに退屈して持っていないなにかを欲しがり、新たな欲望に火がつき、思い通りにならないと怒り、嘆きます。満足することができず、自分が苦しむだけでなく、それを誰かのせいにして、怒り、恨み、自分よりもうまくいっているように見える人を嫉《そね》み、苦を投げつけます。得をしようとして策略を巡らし、他人から奪おうとします。その計画によって誰かが苦しむことになってもさして気にかけません。こうして執着は自分も周囲の人も苦しめます。わたしたちは、執着によって、自分を苦しめ、人を苦しめ、互いに苦しめ合っているのです。

わたしたちは、いろいろなものに執着します。なかでも特別なものは、自分自身への執着です。我執と呼ばれるもので、これこそが執着の根です。大切な「私」、「本当の私」が存在していると妄想し、現実のわたしが妄想のとおりに実現していないことに怒り、「本当の私」を実現しようとする。これが我執です。妄想され執着される「私」は、バラモン教のアートマン（＝真我）ほど観念的ではないかもしれませんが、あるべき自分、そうでなければならない自分、こうではない自分です。現実社会でいろいろな制約を受け苦労している自分の客観的な姿ではなく、「本来であれば活躍しているはず」の理想化された自分の存在が妄想されます。そして、「本当の自分」をみんなに認めさせたい、誰よりも自分自身が認めたい、そのためにはこうならねばならない、あれを手に入れねばならない、これは手放すわけにはいかない、そいつは邪魔だ、許せない、と執着の反応が繰り返されます。一時の執着の喜びや、怒りや恨みや妬《ねた》みに翻弄されて、自分を苦しめ、人を苦しめ、互いに苦しめ合います。

ところが、奇妙に聞こえるかもしれませんが、わたしたち凡夫は、自分が苦しんでいることになかなか気づくことができません。執着の喜びを追い求めることに忙しいせいかもしれませんし、怒りや妬み・僻《ひが》みなど、さまざまな悪い感情に急《せ》き立てられている場合もあります。

それがしかし、あるとき重大な経験をして、あるいはふとしたきっかけで、自分が苦しみ、人を苦しめていたことが痛感されます。そういう突然の深い反省が発心《ほっしん》です。このままではいけない、今の自分のあり方をなんとか変えたい、とする思いです。今の自分のあり方は、苦をつくり、人を苦しめ、自分も苦しめる凡夫であると自覚して反省する。凡夫の自覚は、釈尊の教えに学ぼうとするスタートになります。

仏教の梵我一如化——釈尊の教えからの逸脱

ところで、執着に意味がないことを説くのに、よく使われるのは、「形あるものはすべて壊れる」という表現です。「形あるもの」にいくら執着しても、壊れていく。永遠に自分のものにしておくことはできない。執着はむなしい、と教えます。

ただし、ここでいう「形あるもの」は、あくまで執着の対象、すなわち愛するものや人、自分自身として考えるべきです。そうであれば、釈尊の教えに一致します。

ところが、これを森羅万象に拡張してあてはめ、変化する世界を説くものとして解釈する例をしばしば目にします。この考えを推し進めると、梵我一如的な発想に転落しかねない危うさがあるので、警戒しなければなりません。

確かに、つきつめて考えれば、すべては存在ではなく、時間の中で移り変わる現象です。「止まれ、お前は美しい」（ゲーテ『ファウスト』）と命じても、美しい現象を美しいままに捉えておくことはできません。なにかを捕まえてしっかり握りしめていたつもりでも、いつの間にか細かな砂のように指の間から流れ落ち、手を開けばなにもない。すべてが時間の中で変質します。この見方は、釈尊の教えにかなっているようにも思えます。

「かたちあるものはすべて壊れる」は、物理学でいいかえればエントロピー増大の法則にあたるのでしょう。相対論や量子論的な世界観、すなわち、「物質は究極的にはエネルギーであり波であり、存在ではなく現象である」というものの見方も、一見釈尊の教えと親和性が高いように思えます。実際これをもって釈尊の教えを解釈しようとする人は少なくありません。

しかし、この着眼は、世界の全体に目を向ける結果、たいていの場合釈尊が否定したところの梵我一如的な世界観に陥ってしまいます。この発想は、移り変わり壊れゆく個物の世界の根底についつい梵（バラモン教思想が想定した、世界を生み出し、同時に世界の全体でもある、すべてを超越した根本原理―筆者註）に等しいなにかを設定してしまうのです。例えば、世界を生み出し、変化させ、壊すエネルギーそのものが梵である、あるいは、生々流転する世界の姿こそ永遠の真実だ、というように。

梵という発想は、人間の自然な性《さが》にとっては居心地がいいのです。凡夫の執着に適う、といってもいいでしょう。梵は、絶対的に善なる全体として想定されます。あるいは、善悪などの対立概念をすべて超越している、とも形容されますが、ともあれ、絶対的に肯定されるのです。そして、世界のすべてである梵は、必然的に「この私」も包摂しており、「私」もまた絶対的に肯定されるべき存在ということになってしまいます。

ところが、現実の「この私」は、想定した梵とは異なり有限であり不完全で束縛の中でじたばたと足掻《あが》いています。なんとかこの矛盾を説明せねばなりません。それをどう説明するかによって、いくつかのパターンが生まれます。

ひとつは肉体のせいにする考えです。「本当の私」は梵と一体で完全であるのに、それを覆う肉体が邪魔をしている、だから不完全になってしまう、と考えます。この発想は、釈尊も一時取り組んだ、肉体の束縛を断とうとする苦行主義になります。

もうひとつは、本来完全であるのに、つまらない作為「へたな努力」をするから内奥の「本当の私」から湧き上がる無碍《むげ》自在な働きが阻害されるのだ、賢《さか》しらなはからいをやめよ、という考えです。「本当の私」は梵と等しいと考えているので、「はからいをやめよ」は、「梵にまかせよ」と同義になります。よく耳にする「我を捨てよ」という主張は、これのバリエーションです。究極的には意識そのものを消し去った無念無想が理想とされます。

そこからさらに進んで、逆に、欲望や煩悩もすべては梵の発露であるからそのまま肯定すべきである、良いとか悪いとか取捨選択することがおかしい、という考えも生まれます。煩悩即菩提というスローガンがその典型で、自分の中の執着や欲望もよしとし、さらには世の中にある戦争や貧困、搾取、差別でさえ肯定するずぶずぶの全肯定主義に陥ります。

もうひとつ、梵我一如型の発想の特徴として、言葉を軽視し、不合理を振りかざす傾向があります。すべてを包摂する超越的統一原理を妄想すれば、相対立していたはずのものが、なんでも梵において矛盾のまま結びつけられてしまいます。先ほどの「煩悩即菩提」がいい例です。「論理を超えた論理」であるとか、「無分別智」とか、なにか深い意味がありそうに主張しますが、自分でもなにを言っているのか分からないまま、意味深げな響きに酔いしれ、人を煙に巻いているだけです。分析的に考えることをしばしば頭ごなしに禁止しますが、それは自分が説明できないからです。なにか質問しても、煙幕をさらに吐き出すだけですから、相手にする必要はありません。このような言説が釈尊の名の元に口にされるのは、容認しがたいことです。何度も繰り返しますが、釈尊の教えは、常識的なものの見方からは遠く隔たっていますが、極めて論理的であり合理的です。

釈尊の教えは、これら梵我一如型の発想とは相容れません。肉体を責める苦行は無益であると否定しています。釈尊が定めた修行のカリキュラムに怠ることなく励め、努力せよ、というのが遺言です。凡夫は執着によっていつも繰り返し苦を生んでしまう、凡夫の自覚を忘れず、苦をつくらぬよう気をつけていなさい、と繰り返し教え諭しました。釈尊の考えは、超越的な梵を想定し、それとの合一をめざす発想とはまったく異なります。釈尊が生涯をかけて取り組んだのは、苦をつくらなくなる方法を凡夫に教えることでした。梵我一如化した仏教は、苦を増やしこそすれ、苦を減らすことにはまったく役立ちません。

超越的原理への妄想を戒める

しかし、残念ながら仏教の多くは、梵我一如型の発想に転落してしまっています。法界とか真如といった言葉が、梵の代わりをしています。かく言うわたし自身、般若思想（大乗仏教の中観《ちゅうがん》派の考え。すべて何であれ、それとして自立自存するものはなく、他との関係性の中でそれとして成立している、自立自存を実現する自性を備えるものはない、という考え―筆者の空（すべては自性を持たないということ―筆者註）を実体的に対象化して捉え、梵に代わるビッグバン的な宇宙生成のエネルギーとして解釈していた時期がありました。

そういう考えに基づき「あたりまえのことを方便とする般若経」という物語を書きました（拙著『あたりまえのことを方便とする般若経』http://amzn.to/2fWHqJJ）。般若経は、他の大乗経典とは違って、その名を冠する長さも内容も異なる多様な経典が生み出されています（八千頌般若経、金剛般若経など）。「色即是空《しきそくぜくう》、空即是色《くうそくぜしき》」と説く般若心経もそれらのひとつです。それにあやかり、またニーチェの『ツァラトゥストラ』の真似をして自分なりの仏教理解を物語に仕立てたのです。それなりの反響があり、ネットでは「お経を書いた最初の日本人」と言われたこともあります。これに多少の手ごたえを感じたことも会社を辞めた理由なのですが、その後あるとき重大な点に気づきました。この物語でわたしは自然のダイナミックな生成変化をいかに表現するかに骨を折ったのですが、初期経典にはほとんど自然の描写がありません。大自然からなにか深い意味を引き出そうというような姿勢は初期仏教にはないのです。宇宙にほとばしるエネルギーや万物流転を讃え、ともに変化することを喜ぶことは、釈尊の教えではないと理解しました。

「色即是空、空即是色」の「色」は、単語の意味としては「物質」です。しかし、この後に続く文脈（受想行識《じゅそうぎょうしき》、亦復如是《やくぶにょぜ》）からすれば、この色は、色受想行識《しきじゅそうぎょうしき》（五蘊《ごうん》、二〇〇頁参照）の色、すなわち色身＝「肉体」であって、肉体が空（実体がない）であるという主張です。

ところが、さすがに専門の研究者にはいませんが、〈色即是空、空即是色〉の部分だけを切り取って、「物質は空である」と捉える事例も見かけます。そこから〈色即是空、空即是色〉を「空と物質は等しい」と解釈し、相対性理論の E=mc^2（E〈エネルギー〉とm〈質量〉とは相互変換可能）と結び付けて「空とはエネルギーなのだ」と主張する例は、ときどき見かけます（実は、かつて私自身がそうでした）。

このような考え方は、「すべての物質（色）の本質はエネルギーであって、万物の本質であるエネルギーこそが空であり、空のエネルギーが万物を生成する」と主張します。この考えは、梵を空に呼び変えただけで、梵我一如型の発想です。

特に、中国では老荘思想が根強い伝統としてあり、中国に伝えられた当初、仏教は、老荘思想の枠組みで解釈されました。格義仏教と呼ばれるものです。老荘思想の道(タオ)は、一切の矛盾・対立を包摂し世界を生み出す超越的世界原理であり、バラモン教のブラフマン（梵）と非常に似ています。わたしは、個人的には荘子のスケールの大きな、捕らわれのない突き抜けた発想は大好きなのですが、釈尊の教えとはきちんと区別しなければなりません。格義仏教は、中国と、さらにそこから伝わった先の日本などの仏教に、梵我一如化の傾向を与えました。

繰り返せば、釈尊の教えは、苦をつくる凡夫である自分を分析し、なぜ苦をつくるのか、どうすれば苦をつくらなくなれるのか、それを教え伝えることがすべてでした。自分こそが探求の対象であって、外の自然に関する記述は、わたしの読んだ限り、大パリニッバーナ経（大般涅槃経）で死を目前にした釈尊がなつかしい土地を美しいと称えた場面などわずかな例外を除き、初期経典にはほとんど見かけません。自分ではなく外の世界に過剰な関心を向けることは、全宇宙を包摂する超越的原理への妄想を呼び起こし、釈尊の教えを梵我一如型の発想にたやすく転落させることになります。釈尊の教えに学ぶなら、外の世界ではなく、自分自身に目を向けなければなりません。

現代人のための「下準備」——自然へ身体を開く

いま述べたとおり、釈尊の教えに学ぶなら、外の自然ではなく自分自身を観察すべきです。しかし、実は、それとは一見矛盾する考えも持っています。

釈尊の教えを学ぶ前の段階として、現代人、特に都会に暮らす人は、自然に向けて自分自身を開く習慣も必要ではないかと思います。これは、釈尊の教えではなく、わたしの個人的な感想です。釈尊の時代には、そんなことをする必要はなかったでしょう。

二〇一八年二月にインド、ネパールの仏跡巡りをしました。バスは地元の人たちが行きかう一般道路をクラクションを鳴らしながら次々と追い越しをかけ、対向車とぶつからないかひやひやしながらの移動です。道路沿いこそ猥雑でしたが、横に眼を転ずれば、草地と畑が広がる中に林が混ざる緑の大地がどこまでも続いていました。きっと釈尊は、この景色とさして変わらない自然の中、林の中の木漏れ日の道を歩いたのだろうと想像しました。釈尊と同時代の人たちも、自然に包まれ今よりもゆったりとした時間の中で生活していたと思います。

一方、現代の都会で暮らす人たちはどうでしょうか。地下鉄、地下街、舗装道路、コンクリートのビルといったうるおいのない人工の環境でひしめき合い、経済システムが高度に発達し複雑化した中で、目先の効率と成果を要求され、時間に追われて息苦しくなっていると感じます。

釈尊が残してくれたカリキュラムに取り組む前に、気持ちのバランスを回復しておく必要がありそうです。都会に生きる現代人は、反応の根っこが執着であるだけでなく、反応の枝葉もよじられて、擦り切れているように感じます。木漏れ日の下、大地を踏みしめて歩いた釈尊の時代は、こんなではなかったでしょう。現代の都会人は、今のままでは釈尊の教えに学ぼうという気持ちさえ持てないのではないでしょうか。ストレスが溜まっているなら、釈尊の教えの前にもうひとつ下準備をしておいた方がいいように思います。それは、ときどき自然へ自分を開くことです。

わたし自身が心がけていたことです。香港にいる時は得意先の帰りに車で時々遠回りをして、九龍半島の東南のはずれにある清水湾の自然公園に寄り道をしました。きらきらと太陽を反射する海を小船がゆっくりと横切っていくのを岬の高台から眺めながら、胸をふくらませて陽の光と風を身体に通すと、すこやかさを回復できるように思えます。休日に香港島の南山麓の人気のない貯水池のほとりで過ごした時間のことは、先に触れた『あたりまえ般若経』に書いています。

特別な場所に行く必要はありません。大阪での通勤の道すがらも、アスファルトに目を落とすのではなく視線を上に向ければ、青空や雲を背景に電線のスズメや揺れる梢を眺めることができました。釈尊から時を経た現代、都会に暮らしてバランスを崩している人は、まず気持ちをほぐしてのびやかさを取り戻すことも必要ではないかと思います。その方法は、身近にもある自然に気持ちを開くことです。思い出して時々実践してもらえれば幸いです。

わたしのジャッジメント――原発広告を断る

蛇足ついでにもう少し続けます。

もし、会社やどこかの組織に属していて、とても苦しい状況なら、無理をして我慢することはありません。

今は「これしかない。我慢するしかない」としか考えられなくても、そんなことを長く続けていれば病気になってしまいます。筋の通らないことには「おかしい」とはっきり主張すべきです。問題に気づいていない人には、きちんと言葉にして指摘してあげなければなりません。その結果、万一その組織を離れることになったとしても、また新しい景色、新しい可能性が見えてきて、そこで実直に頑張ればこれまでとは違う展開が広がるものです。

善行の功徳を他の人に振り向けることを回向《えこう》といいますが、苦しみを我慢してストレスをためて他の人につらく当たるようなことがあれば、それはマイナスの回向です。

わたし自身、思い切って足を踏み出した経験が何度かあります。いま振り返ってみて、そうしてよかったと思います。

最初は卒業して就職したことです。学生時代、何をすべきか目的を見つけられず、何をしてもいいのに何の動きも取れず、行き詰まっていました。環境を変えてみるしかないと就職することにしたのですが、二年留年しその前にも一年浪人していたので、当時は年齢制限でマスコミしか受けられませんでした。社会を知れば視野も広がるだろうと新聞社を考えましたが、先に内定の出た広告会社に入りました。やってみると仕事は案外おもしろく、テレビ番組の収録やファッションショー、博覧会、海外を含むスポーツイベント、広告制作などの現場に関わることができ、香港で欧米系の広告会社で仕事をするなど、想像した以上に経験を広げることができました。

特に香港の人たちの生き方には、大いに刺激を受けました。香港にいたのは一九九〇年代の前半、天安門事件の後で中国への返還が迫る時期の四年ほどです。香港人の同僚たちは、「欧米系企業で英語で広告の仕事をしているような自分たちは、本土返還になればどういうことになるか分からない」と、とても心配していました。一ドルでも多く稼いで一刻も早く外国に移住しようと必死で、「別の広告会社から誘われている。肩書と給料を上げてくれないと、そちらに移る」「今の仕事内容のままだとキャリアアップにつながらない。〇〇の担当にしてほしい」などとさまざまな要求を会社にぶつけます。実際、半年を待たずに欧米系広告会社の間をジョブ・ホッピング（渡り歩き）するのが普通で、業界を二巡したという人もいました。そして、お金ができれば、次々と外国、たいていはカナダのトロントに移住していきます（トロントは風水がいいのだそうです）。外国のパスポートを手に入れた上で、また香港に稼ぎに戻る人もいました。反対に、得意先の香港人には、「これからは中国にこそ儲けるチャンスがある」と本土に飛び込んでいく人もいました。

働く会社どころか、国まで取捨選択の対象にする香港の人たちのしたたかな生きざまをまぶしく感じました。

香港にいる間、『あたりまえのことを方便とする般若経』（http://amzn.to/2fWHqJJ）を書き進めたり、自分なりに仏教の勉強を続けていましたが、そのおかげか、意味や目的の問いは、次第に重要性を失っていきました。

大阪に戻って、仕事は相変わらずおもしろくはありましたが、同時に、このままずっと続けることではない、という思いもふくらんできました。ちょうどその頃、電力会社を担当しろ、という異動の内示を受けました。電力会社の担当になれば、原子力発電のキャンペーンもせねばなりません。それは嫌だったので、内示を断りました。それで首になっても仕方がないと思ったし、そんなことで首にはならないだろうという読みもありました。上司からは「電気の恩恵に浴している者に原発を云々する資格はない」と言われましたが、当時の原発依存率は三割ほどだったので「では他の人より電力消費量を三割減らします」と答えて、エレベーターなどにも乗らず家でもなるべくエアコンをつけないようにしました。このころから、「何になるか」よりも「如何に生きるか」、言い換えれば、自分なりに最低限の筋をとおした生き方をすることの方が大事になっていたように思います。なにかことある時は、ごまかさず自分で納得のできる判断をする。その結果、成功者と呼ばれようが、反逆者、罪人《つみびと》とされようが、無名のまま終わろうが、それはどうでもいい。そう思うようになりました。

予想したとおり首にはならず、しばらく仕事を続けていましたが、以前から憧れていた美しい里山暮らしにふさわしい場所を見つけ、現在の長野県中川村にIターンで家族が先に移住しました。わたしは週末ごとに村に通い、月曜日はいつも半休にして昼から出社するという我儘を会社はよく許してくれたと思います。しかし、このまま勤めを続けるのは違うという思いが次第に高まってきて、後のあてもないまま二〇〇二年の秋、早期退職しました。仏教の勉強に手ごたえを感じ始めていたこともあったし、香港の人たちの生きざまに刺激を受けた部分もあったと思います。

会社を辞めて家にいると、暇そうに見えたのでしょう、市町村合併に反対する取り組みを手伝ってくれ、と誘われました。しぶしぶ加わってみると、ユニークな人が大勢いて新しいお付き合いが広がりました。結局合併はしないことになりましたが、そのすぐあとに村長選挙というタイミングなのに、自立派から立候補してくれる人がいません。誰しも個人的な事情があるでしょうし、合併派が「自立では財政破綻必定」と主張していたので二の足を踏んだ人もいたでしょう。いよいよ選挙が迫る中、切羽詰まった消去法で後腐れなく暇そうなわたしにお鉢が回ってきました。二〇〇五年春のことです。

二〇一七年の衆院選出馬もそうですが、ことの流れが背中を押す時、そうしてもいいと思えるなら流れに委ねるのもいいかもしれません。知らない世界に踏み出せば、見えていなかった景色が広がり、うまくいってもいかなくても新たな経験と新たな人のつながりができます。新しい縁を得て、新しい業《ごう》(一〇六頁参照)を積んで、新しい自分が育ってきます。

村の中学校の卒業式の祝辞で引用した英文を紹介します。

You can't control the length of your life,
but you can control the width and depth. (Anonymous)
人生の長さを好きにはできないが、
広さと深さは自分次第（詠み人知らず）

一度しかない人生です。安全な方、安全な方へと逃げて我慢して追いつめられるより、時には一歩踏み出してみることも必要ではないかと思います。

我執が組織化され、巨大システムが駆動する

少し脱線しました。本筋に戻って、集、つまり「執着によって苦は生み出される」ということを引き続き考えます。

形あるものが壊れるだけではありません。形のない執着の対象、すなわち地位や名声、富なども、しばしばあっという間に霧消します。また逆に、裏返しの執着で、自分に不利益をもたらすとおぼしきものを憎んで根絶やしにしたつもりでも、同じような悩みの種がまた湧いて出てきます。すべては時間の中の現象であり、永遠に保持することも永遠に排除することもできません。握りしめたはずのものは失われ、憎んで絶やしたはずのものはまた現われてきます。思いどおりにはなりません。思いどおりにならないからこそ、人は意固地になってさらに執着は強まり、苦は一層燃え盛ります。

一時的に思いが叶ったとしても、今度はもっともっと欲求は高まり、欲望が満たされることはありません。

自分が手に入れたいものを他人も狙っていれば許すことができず、争いが起こります。

ライバルをやっつけたつもりでも、仕返しを恐れねばなりません。
執着の根、我執の対象である自分も、他の執着の対象と同様に、壊れていきます。釈尊が四門出遊でみた老・病・死です。しかし、わたしたちは、釈尊とは違って、老・病・死を間近で見ても現実に自分に差し迫ってこない限り、自分のこととして実感することはほとんどありません。お葬式でさえ、人ははしゃいでしまうものです。しかしそれでも、自分の老・病・死に直面し愕然とする時は、必ずやってきます。

日常の卑近なレベルでも、わたしたちは、自分を一目置かれるべき立派な存在だと執着し、それにふさわしい扱いをされなければ、軽く見られたと怒ります。例えば公共の乗り物の中で、自分のスペースを侵されたとか、そういった些細なことでさえいつまでも意地を張り、苛立ちを鎮めることができません。このような苛立ちのさなかにいる時、わたしたちはそれを苦だとは感じませんが、少し離れた客観的な視点で観察すれば、愚かな、苦しむ必要のない苦であることは明白です。

また、自分のためではなく、人々のため、あるいは、神、国家、民族、その他のためとして自己犠牲も辞さない場合もしばしば見られます。一見すると、自分大事の執着とは正反対のようにも思えます。しかし、人間は実に複雑な反応で、自己犠牲によって自分に価値を与えようとするケースもよくあります。実は自分のためであって、屈折していても、我執の現れであることに違いはありません。

人々のことを深く慎重に考えていない「自己犠牲」は、自分に酔って舞い上がっているだけで、かえって苦をつくってしまいます。義憤はこのような結果になることが多く、よくよく気をつけねばなりません。

わたしたち凡夫の出世欲、金銭欲、保身、その他さまざまな執着は、組織化され、損得勘定でつながり絡み合い、歯車のように噛み合わされて駆動され、巨大なシステムを形成しています。巨大システムは、人々の執着に付け込んで、それをからめとり燃料にして、ブルドーザーで草木を踏みしだくように進んでいきます。システムの中ですり減らされていく人も多いし、キャタピラの下に押しつぶされる人も多い。システムは、周辺の暮らしをむさぼり食い散らかしながら膨張し続けています。それがもたらす苦を免れ得る場所は、もはや地球にはほとんど残されていないのかもしれません。

第3章 四諦《したい》

滅《めつ》

執着を滅すれば、苦の生産も止まる

釈尊の教えの全体構造

四　諦

苦：この世は苦である

集：苦の原因は執着である

滅：執着を滅すれば、苦の生産も止まる

道：執着を鎮めるためのプログラム

⇒三学へ

三　学

戒：苦をつくらぬよう
自分という反応を整える

定：自分という反応をミニマムにして
しっかり観察する

慧：自分のこととして無常＝無我＝縁起を確認、納得する

⇒無常＝無我＝縁起へ

「私」は執着の対象たり得るか

四諦《したい》（苦、集、滅、道）の三番目は、滅《めつ》です。集で説かれたのは、執着が苦をつくる原因ということでした。従って、執着をなくすことができれば、苦をつくることもなくなります。これが、滅です。

「およそ苦しみが生ずるのは、すべて執著に縁って起こるのである」というのが、一つの観察〈法〉である。「しかしながら諸々の執著が残りなく離れ消滅するならば、苦しみの生ずることがない」というのが第二の観察〈法〉である。

（中村元訳『ブッダのことば　スッタニパータ』岩波文庫、一九八四年）

他の宗教や道徳でも、「執着してはいけない」「執着を捨てなさい」という教えをしばしば目にします。しかし、「執着をやめろ」と言われて、「はい分かりました」とやめられるでしょうか。そんなに簡単にはいきません。執着をなんとかなくそうと歯ぎしりするほど頑張ったとしても、今度は「執着しないことに執着している」と言われるようなねじ曲がった事態にも陥りかねません。では、釈尊はどう教えたのでしょうか。

目先の執着にひとつひとつ立ち向かうのではなく、執着の根っこである我執を掘り崩すのです。そのために、我執の対象である「自分」を見極めよ、と教えました。つまり、無常＝無我＝縁起を自分のこととして確認するのです。

「わたしは瞬間瞬間に縁によって起こされては終わる現象であり、それが今この時このわたしである。実体として存在するのではない」

そう納得できた時、存在しない「自分」に執着するという不可能なことに懸命になっていた自分の滑稽さが痛感され、不毛な努力から解放された喜びが沸き上がります。それまで妄想し実体視してきた「本当の私」を実現しなくてはならないという我執は、自然に失せます。握りしめていた拳の力が抜けるのです。そして、そのつどの反応を整えていきたいと願うようになります。

わたしが大学生のころ意味や価値の問いに悩んでいたことは、先に書きました。何をすべきか、目的が見出せず、卒業論文も書かず、二年留年しました。卒業に必要な単位は、要領よく三年で取っていたので、後の三年間は成果のない試行錯誤だけの時間です。その間、多少は本も読みましたが、見えない檻に閉じ込められた熊のように同じところを行ったり来たり、鬱々悶々として日々を過ごしていました。禅寺にも行っていましたが、さほどまじめに取り組んだわけでもありません。

その後、就職し、仏教関係の本を読み続け、上座部系の瞑想も経験し、ホームページでいろいろな考えの人と議論するうちに、おぼろげながらも無常＝無我＝縁起が分かってくると、自分の悩みは我執であることに気づきました。学生の頃からずっと価値ある仕事を懸命に探しているつもりだったのですが、本当に必要としていたのは、価値ある仕事ではなく、立派な存在であるはずの自分にふさわしい価値を与えること、だったのです。価値ある仕事によって価値ある存在であるべき自分を輝かしい価値で飾り立てようとしていました。ところが、わたしは、そのつどそのつど縁によって起こされては消える反応であって、価値をそこに取り付けておけるような「存在」ではなかったのです。

禅を始めたのも、今から振り返れば、実現不可能な動機からでした。中国唐時代の有名な禅僧で臨済宗の祖である臨済儀玄の「随所に主となる」とか「仏に遭うては仏を殺し、祖に遭うては祖を殺し」といった言葉（ともに『臨済録』）にひかれたのです。当時のわたしは、これらをすべての価値から完璧に自由な境地を説くものと捉え、憧れました。

同じころ、頭に引っかかっていたのは、ニーチェの『ツァラトゥストラはかく語りき』の「三段階の変身」です。「汝なすべし」という重荷（伝統的な価値、道徳）を背負って砂漠の苦行に入ったラクダが、ライオンに変身して「汝なすべし」を粉砕した後、幼子になって、自分の創りだした遊びを自由に遊ぶ、という寓話です。

自分に価値を与えてくれる価値ある「重荷」を探しても見つけられず、ラクダにさえなれないわたしは、禅によって、ラクダもライオンも飛ばして一挙に幼子になろうとしたわけです。価値ある目的がないのなら、なにからも支配されず完全に自由な第一原因となり、新たな価値の創造者として奔放に行動する主体性を手に入れたい、そう考えていました。

今となれば、あまたの縁によって起こされる反応であるわたしが自由な第一原因になれるはずのないことは明白です。「自由な第一原因である私」は、釈尊が否定したアートマン（真我）にほかなりません。

「価値ある何者かでなければならない」あるいは「あらゆる価値の束縛から自由な、新たな価値の創造者でありたい」というわたしの思いあがった力こぶは、無常＝無我＝縁起の理解が深まるにつれ、ほどけていきました。無常＝無我＝縁起は、苦を生む無駄な力を溶解させるのです。

小さな反応の総体が「わたし」

さてでは、無常＝無我＝縁起である自分とは、どういうことか。これこそ釈尊の教えの核心です。後でしっかりと説明しますが、とりあえず簡単にイメージをもっておいてもらいましょう。

わたしたちの色身（肉体）には、さまざまな縁（刺激）がいつも波のように押し寄せています。友人との出会い、会話、本、儲け話、さまざま匂い、音、その他多種多様な縁が間断なくやってきます。外からの縁だけでなく、空腹だとか、眠いとか、病気であるとか、運動をして心臓がドキドキしているとか、そういった身体の中の条件も縁になります。それらさまざまな縁のそれぞれが、刺激となって反応を起こします。その反応はまた縁となり、次の反応を引き起こします。いうなれば、無数の小さなドミノの連鎖です。途中で立ち消えになる連鎖もあれば、他の連鎖と重なり合ってひとつの強い流れになる場合もあります。このような小さなドミノの連鎖が、この身において、波間に集まる夜光虫の群れのようにざわめく波紋を広げている。そのようなその時その時の無数の小さな反応が総体で描くそのつどの文様が、その時の「わたし」ということです。

この身体という場所でさまざまな反応が波紋のようにざわめいて起こっては消えていく。起こっては消える反応が、その時その時のわたしなのです。それが分かれば、「本当の自分」が存在すると妄想すること、そしてそれを高価なものや肩書で飾ろうとすることの愚かしさが実感されます。不可能で意味のないことに力を注いできたばかばかしさにあきれてしまいます。自分がそのつどの反応であるなら、反応の仕方をそのつど整えるほかはなく、外から何かをくっつけて飾ることなどできません。何を手に入れるか、何になるか、ではなく、今の自分を如何に整えるか。「何」ではなく「如何に」こそが大切なのです。

こうして我執はおのずと消沈し、我執から派生するほかの執着も鎮まります。苦を生む反応はなくなり、かわりに慈悲という、ほかの人の苦を減らそうとする反応が拡大します。

慈悲の反応は、動物でも観察されているので、釈尊の教えによって新しく生まれるものではないでしょう。ただ、慈悲よりも執着の方が強力で、執着は慈悲に制限をかけるので、執着の許す範囲でしか慈悲は働きだしません。端的な例を挙げれば、執着の許す金額しか寄付できないということです。したがって、逆に執着を弱めることができれば、その分だけ、慈悲は活発になります。慈悲は、人の苦を抜こうとすることですから、執着を弱めれば、新たな苦をつくることがまず減り、さらに、活発化した慈悲で、今ある苦を減らす努力が強化されることになります。苦を減らす二重の効果が生まれるのです。

慈悲は、無常＝無我＝縁起を納得する前の、修行の段階においても奨励されます。慈悲を高めようとする努力は、執着を根本的に止めることはできません。しかし、執着を抑制し自分という反応を整える一助にはなるからです。

執着を停止するために

さて、ここは釈尊の教えの重要ポイントですので、ぎくしゃくした文章になるのを恐れず、滅をきちんと定義しておきましょう。

滅とは、苦を生む原因になっている執着を停止するために、根本執着である我執の対象、すなわち自分が、存在ではなく、いくら執着しても執着不可能な、その時その時の縁によって起こされる一貫性のない反応の断続であることを腹に落ちて納得することによって、我執の愚かさが痛感され、それによって執着がおのずと鎮まり、苦の生産が停止されること、です。

いろいろな説明をしてみましたが、「自分が、存在ではなく、その時その時の縁によって起こされる、一貫性のない反応の断続である」というのは、読者の皆さんにはどう聞こえるでしょうか。やっぱり何を言っているのか意味不明なちんぷんかんぷんでしょうか。そうだとしても当然です。釈尊も説法を諦めかけたほどに、日常の自然から遠いものの見方なのですから。でも、是非もう少し我慢して読み続けてください。

あるいはまた、読者の中には、「考えてみればまあそうだろう。しかし、それを知ったとしても、執着が消えるとは思えない」と感じた人もおられるでしょう。そのとおり、無常＝無我＝縁起は、単なる理屈として理解してもほとんど効果はなく、ほかならぬ自分のこととして納得することが必要です。

自分のこととして納得するというのは、簡単に聞こえるかもしれませんが、時として非常にむずかしいことです。例えば「人は皆必ず死ぬ」ということは理屈では誰でも分かっています。しかし、タイマーの針がカチ、カチと着実にゼロに近づくように自分がいま刻々と死につつあるということは、なかなか実感できません。執着に反することは、簡単には受け入れられないのです。

無常＝無我＝縁起も、理屈としては理解できたとしても、自分のこととしては簡単には腹に落とすことはできません。しかし、釈尊は、そのためのカリキュラムも用意してくれました。それが四諦（苦、集、滅、道）の最後にある「道《どう》」です。

第4章 四諦《したい》

道《どう》

――執着を鎮めるためのプログラム

釈尊の教えの全体構造

四　諦

苦：この世は苦である

集：苦の原因は執着である

滅：執着を滅すれば、苦の生産も止まる

道：執着を鎮めるためのプログラム

⇒三学へ

三　学

戒：苦をつくらぬよう
自分という反応を整える

定：自分という反応をミニマムにして
しっかり観察する

慧：自分のこととして無常＝無我＝縁起を確認、納得する

⇒無常＝無我＝縁起へ

執着を鎮めるプログラム――三学と八正道

我執を消沈させ、執着の火を消すための方法は、自分の無常＝無我＝縁起を自分のこととして納得することでした。しかし、これは、凡夫にとって自然なものの見方に反することであり、執着に逆らうことです。おいそれとはできません。段階的に準備を重ねながらそこに導いてくれるプログラムが必要です。それが道です。

三学《さんがく》（戒《かい》、定《じょう》、慧《え》）や八正道《はっしょうどう》（正見《しょうけん》、正思惟《しょうしゆい》、正語《しょうご》、正業《しょうごう》、正命《しょうみょう》、正精進《しょうしょうじん》、正念《しょうねん》、正定《しょうじょう》）が、そのプログラムです。八正道は三学に包摂されるので、次の章から始まる三学で詳しく説明します。

漢訳仏教用語の〝落とし穴〟

ここで、漢訳された仏教用語の危険について少し書いておきます。

八正道のトップに掲げられる「正見」について、〈正しく見ること〉とする安直な解釈をときどき見かけます。これは間違いです。

「正見」の「見」の原語は、パーリ語では"diTThi"です。「正見」の反対語の「邪見」という言葉は聞き覚えがあるかもしれません。これは、「間違った見解」という意味です。つまり、「見」、"diTThi"とは見解の意味です。八正道の先頭に正見があるのは、「まず正しい見解（すなわち釈尊の教え）に触れて学ぶ必要がある、間違った見解に従ってはならない」という至極当然の教えです。

時おり目にする「八正道の第一は正見だ。正しく見るという心構えが、まずは肝要じゃ」というような、頭ごなしの精神論は釈尊の説くところではありません。

このように、漢訳の仏教用語だけで考えると誤解する危険があります。

中国では、典籍を中国語に訳した後は、原典にあたることをほとんどしなかったため、よく言えば中国独特の発展をしました。しかし、これは、釈尊の教えからすれば逸脱ということになります。先に触れた老荘思想によって解釈された格義仏教の影響もありました（六四頁参照）。

例えば、大乗仏教の中観《ちゅうがん》思想の空は、サンスクリット語zUnya（シューニャ）の訳語で、本来は「くぼんだ」とか「空っぽの」「虚ろな」という形容詞です。「そこにあるだろうと想定されるものがその場所にない」ことを表します。空き瓶とかタクシーの空車の空です。

「０（ゼロ）を発見したのはインド人」と言われます。ゼロもサンスクリットではシューニャです。おそらく、ゼロの発見は、位取り記数法の発明と一体で、百とか千とかの位（位置、場所）はあるけれど、そこに数はない、空っぽである、ということだったのではないかと想像します。

「我々という場所にアートマンはない」というのが、仏教における空の本来の意味だったでしょう。ところが、もともと形容詞であった空（シューニャ）は、接尾辞 tA（ター）がつけられて空性（シューニャター。空っぽであること）となり、抽象名詞化されます。漢訳般若心経に頻出する「空」は、「性」はつけられていませんが、元のサンスクリットではシューニャターであり名詞にされた空性です。名詞化された「空」は、抽象名詞からしだいに普通名詞のように捉えられ、対象化され、実体視され、ついには「空」という超越的実在が妄想され、バラモン思想のブラフマン（梵、すべてを超越する宇宙原理）、あるいは老荘思想の「道」（タオ）と変らぬものとして解釈されてしまう危険性が生まれました。仏教が梵我一如化する道筋（註）のひとつです。

わたし自身、空を宇宙生成のエネルギーとして考えていた時期があることは、先に告白しました。

ほかにも例を挙げれば、真如は、tathatA（タタター）で、tathA（タター）すなわち「〜の如くに」という意味の副詞に空性と同じ接尾辞（tA）がつけられて抽象名詞化した言葉です。「そのようであること」といった意味であったものが、普通名詞のように扱われるようになって対象化、実体視され、やはりブラフマン（梵）やタオ（道）のような、個別存在を超越する絶対的全体になっていきました。


このように漢字に訳された仏教用語は、しばしばひとり歩きして意味がずれてしまっています。特に日本人にとっては、漢字によってイメージをふくらませてしまいがちで、とんでもない「深い」解釈に陥りやすく、要注意です。

なるべく仏教辞典などで元のパーリ語、サンスクリット語のスペルを調べて、本来の意味を確認した方がいいと思います。ネット上には、日本語ではなく英語などですが、パーリ語、サンスクリット語の辞書があります。

パーリ語は、南伝仏教上座部（スリランカ、ミャンマー〈ビルマ〉、タイなどの仏教）が「釈尊が話していた」と主張する言葉で、昔の口語的な言語です。上座部に伝わる典籍はこれで書かれています。一方のサンスクリット語は、中世ヨーロッパのラテン語のように一般の人が日常使う言葉ではなく、宗教や学術、文学などの専門分野で使われた言葉で、インドの大乗仏教はこちらを多用しました。

ただ、仏典が文字で記されるようになったのは紀元前後と推定されており、すでに釈尊から五百年ほどが過ぎています。その間、口から口へと伝えられるうちに教えにどのような変遷があったのか、文献の研究だけでは知ることはできません。この五百年を遡って釈尊の教えそのものににじり寄るのは、簡単ではありません。

サンスクリット語は、デーバナーガリーという文字で書かれますが、この本ではHarvard-Kyoto（HK）conventionという便宜的なアルファベット表記法を使いました。ネット上の辞書を調べる際は、これを知っていると便利です。

〈註〉般若心経の梵我一如的傾向＝般若心経は「心無罣礙《しんむーけーげー》」と述べ「妨げのない心」をうたっています。これは、もうほとんど、アートマンの名前を変えた復活です。また「無苦集滅道」と四諦を否定するなど伝統的な仏教概念を次々と否定し、「不生不滅、不垢不浄、不増不減」のように対立概念の双方に「無」をかぶせて否定しています。これは、梵我一如型発想の特徴のひとつである分析的思考の拒否であり、対立概念の混淆、思考の停止です。般若心経は梵我一如化の傾向を宿していると考えます。

第5章 三学《さんがく》

戒《かい》

——苦をつくらぬよう自分という反応を整える

釈尊の教えの全体構造

四　諦

苦：この世は苦である

集：苦の原因は執着である

滅：執着を滅すれば、苦の生産も止まる

道：執着を鎮めるためのプログラム

⇒三学へ

三　学

戒：苦をつくらぬよう
自分という反応を整える

定：自分という反応をミニマムにして
しっかり観察する

慧：自分のこととして無常＝無我＝縁起を確認、納得する

⇒無常＝無我＝縁起へ

戒《かい》は完璧に守れるのか

さて、ここまで、釈尊の教えの全体構造は、四諦《したい》、すなわち苦《く》、集《しゅう》、滅《めつ》、道《どう》であるとして、滅までを説明し、次に道について考え始めたところでした。道は、執着を鎮めて苦の生産をとめるために、無常＝無我＝縁起を自分のこととして納得するための実践カリキュラムです。その内容は、八正道や三学ですが、この本では三学に則って解説します。

三学とは、戒《かい》、定《じょう》、慧《え》の三つの段階です。その第一は、戒です。在家の者が守るべき五戒として不殺生《ふせっしょう》・不偸盗《ふちゅうとう》・不邪淫《ふじゃいん》・不妄語《ふもうご》・不飲酒《ふおんじゅ》の五つが有名です。出家修行者には、正午を過ぎてからの食事の禁止など、さらにたくさんの戒があります。

わたしの場合、一番ハードルが高いのは不飲酒戒です。冒頭に触れたインド、ナグプールで仏教への改宗式を見学している時、「みなさんもこちらへ」と誘われました。インドの人たちに混じって前に出ると、佐々井師が大きな声でパーリ語を唱え始めます。「今、五戒を授かっているんだな」と思い、すぐに「いかん、不飲酒戒があった」と気づきました。村長という立場上、全く飲まないでいるのは差し障る場合があるのです。しかたなく、「ひとりでは酒を飲まない」というルールに勝手に緩和することにしました。それもしかし、数カ月は守ったものの、挫折しました。実に情けない凡夫ぶりです。

戒というと具体的な禁止事項の羅列として捉えがちですが、戒の本質は、苦をつくる行いをするな、自分という反応を整えよ、ということです。

アンバラッティカ・ラーフラ教誡経という経典にこのような一節があります（ちなみに、ラーフラは釈尊の息子です。悪魔という意味の名前だと言われていますが、異なる意見もあります。出家して釈尊のもとで修行しました——筆者註）。

ラーフラよ、もしそなたが身による行為をなしたいと思うならば、そなたはその身の行為についてよく観察すべきです。「わたしがなしたいと思っているこの身による行為は、自己を害することになりはしないか、他者をも害することになりはしないか、両者ともに害するものになりはしないか、この身の行為は不善のもの、苦を生むもの、苦の果のあるものではないか」と。ラーフラよ、もしそなたが観察しながら、「わたしがなしたいと思っているこの身による行為は、自己を害することになる、他者をも害することになる、両者ともに害することになる、この身の行為は不善のもの、苦を生むもの、苦の果のあるものである」と知るならば、ラーフラよ、そなたはそのような身による行為を、けっしてなすべきではありません。

（片山一良訳『パーリ仏典中部〈マッジマ・ニカーヤ〉中分五十経篇Ⅰ』大蔵出版、一九九九年）

「身による行為」を「語による行為」、「意による行為」に入れ替えて同じ教えが繰り返されます。身口意の三業、すなわち、行動においても、発言においても、思考においても、自分も含めて誰かを苦しめることにならないか、いつも気をつけていなさい、ということです。

さて、頭の切れる読者は、こう感じたのではないでしょうか。

「執着に対しては、断とうと努力しても断てない、と言ったのに、戒になると、苦をつくらぬように努力せよ、と言う。戒が、はい分かりました、と守れるものなら、執着だって断てるだろう。一貫性がない。都合がよすぎる。戒によって苦をつくらなくできるなら、それでもう目的達成であり、そのほかの教えは無用ではないか」と。

もっともな指摘です。しかし、こういうことを言うと真面目な仏教者から叱られるかもしれませんが、わたしは、戒は完璧にそれらを守ること、まったく苦をつくらないことを目指し、命じるものではない、と考えています。

先ほどのラーフラへの言葉でも、上に引用した部分の後でこんなふうに教えています。長いのでわたしなりの要約です。

行為の後においてもよく観察して、自己を害した、他者をも害した、両者ともに害した、この行為は不善のもの、苦を生むもの、苦の果のあるものである、と知るならば、師や仲間に告白して、再び同様の失敗をしないようにしなさい。

戒を完璧に守れないことは当然の前提であり、破ってしまった時は反省して、苦をつくることがだんだんと減っていくように自分に癖をつけていきなさい、という教えが戒です。

自分が凡夫であることを自覚する

そして、戒を守ろうと努力し、苦をつくらないようにしようと努力することによって、思わず知らず準備されることがほかにもあります。

それは、凡夫の自覚です。

戒を守ろうと努力する。しかし、ついつい破ってしまう。戒を守ろうとしても、いともたやすく繰り返し戒を破ってしまう自分はいかにも情けなく、自分が凡夫であることを痛感せざるを得ません。

仏とは、無常＝無我＝縁起を知って、我執も執着も鎮まり、苦をつくらなくなった人でした。同じように無常＝無我＝縁起であるのだけれど、そのことを知らず、そのつどそのつど縁に応じて執着のままに自動的な反応として苦をつくり続けるのが凡夫です。苦をつくらなくなろうと願うなら、「自分は繰り返し自動的に苦をつくってしまう凡夫である」という自覚をしっかりと持つことがまずもって非常に大切です。戒はこの自覚を与えてくれます。

さらにまた、戒を守れない経験は、「自分が自分をコントロールできないこと」、「わたしは自分をきちんと制御する立派な存在ではないこと」、「自分は縁によって自動的に起こされる反応であること」、「すなわち、わたしは無我であること」を自覚する契機になります。

加えて、戒は、定（自分という反応をミニマムにしてしっかり観察すること）という次のステップへの準備として自分という反応を整え、静めることにもつながります。

凡夫は執着の反応であり、けんかをしたり、策略を巡らしたり、淫らな妄想にふけったり、さまざまなよからぬことを次々としでかします。わたしという反応は、たいてい嵐の海のように激しく波打ち逆巻いています。

そんな凡夫であっても、完全に戒を守れなくても、戒を守る努力を続けることによって、自分という反応はだんだんと平静なものになっていきます。それまでは、損だ得だと走り回り、騒ぎ立て、はしゃぎ、落ち込み、泣き叫んでいた人も、次第に落ち着いてきます。それによって、後に続く定や慧（自分のこととして無常＝無我＝縁起を納得すること）に取り組むことが可能になってきます。

また、戒を守ろうとすれば、自分がどういう反応になっているか、悪い反応になっていないか、いつも気をつけていなければなりません。これは、自己観察の癖をつけるということです。戒は、次に取り組む定の初歩的な予習にもなります。

他力思想

「凡夫の自覚」ということを述べました。ここから、浄土思想を思い起こした読者もおられるでしょう。

仏教には、一部に「釈尊から時代を経て末法の世に入ると、教えが実行されなくなる」という考えがあります。末法の世では、せっかく教えを聞いても自分の力（自力）では修行に取り組むことはできない、とされます。この考えから、浄土宗、浄土真宗では、「末法の世の凡夫である自分たちが救われるには、凡夫救済を誓った阿弥陀如来の力（他力）にすがって、阿弥陀の世界（浄土）に救い入れてもらうしかない」と考えます。

他力思想は、「自分からはなにひとつよいことはできない」という考えから生まれるものので、凡夫の自覚の徹底です。

浄土真宗の祖、親鸞の教えを弟子、唯円《ゆいえん》が記録した『歎異抄《たんにしょう》』に、こんな言葉があります。

さるべき業縁のもよおせば、いかなる振る舞いもすべし。

この教えが説かれたいきさつはこうです。親鸞が弟子の唯円にむかって、「極楽往生したければ、人を千人殺しなさい」と勧めます。驚いた唯円は、「千人どころか一人だってわたしには殺せません」と答えます。それに対して親鸞は、「そうだろう。悪いことをしようとしてもできない。逆にまた、良いことをしようとしてもできない。悪いふるまいも良いふるまいも、自分の考え（自力）によって行われるのではない。業と縁が組み合わさって作用した結果によって、人は、思いもかけないふるまいだってしてしまうのだ」と教えます。

業という言葉の本来の意味を狭く捉えれば「行為」ですが、ここで親鸞が言っている業は、過去に積み重ねてきた行為の集積です。仏教の伝統では、行為はなんらかの結果をもたらすものと考えられてきました。それがもたらす結果については、「悪いことをすれば報いを受ける」といった道徳的懲罰的な説明を耳にします。しかし、わたしの考えでは、「過去さまざまな経験をして積み重ねてきた行為によって形成される、その人らしい反応パターン」という解釈の方がいいと思います。前にあげた「無数の小さなドミノ」の比喩にあてはめれば、これまでの反応の積み重ねによってその人らしいドミノの並び方、倒れ方ができあがる、ということです。

先走ったことを言うと、これまでの行為、経験によって形づくられる、ということは、今の行為や経験によって、今後の反応パターンは変わる、ということにもなります。これは重要な点で、のちほどまた触れることにします。

縁については、なんども書きました。その時その時に出会うさまざまな刺激や事物です。つまり、親鸞の言葉をわたしなりの言い方で言い換えると「過去の行為、経験によって形成された反応パターンに、そのつどさまざまな刺激が縁となり接することで、そのつどの反応が起こる」ということになります。親鸞の言葉は、凡夫が無常であり無我であり縁起の反応であることを、端的に言い表していると思います。

「妙好人《みょうこうにん》」の弱点──思考停止の危険性

この問答の背景には、「本願誇《ほんがんぼこ》り」の問題があります。本願誇りとは、「弥陀《みだ》（浄土信仰の人は、阿弥陀如来をしばしばこう呼びます―筆者註）は悪人をこそ救うのだから、どんどん悪いことをして悪人になった方がよい」という考えです。しかし、この考えは、自分の力で悪をなすことによって弥陀の救いを引き出そうとしているのですから、自力の考えです。それに対して、親鸞は、「業と縁の組み合わせによって、どういう振る舞いをするかは決まる。良いことをしよう、悪いことをしよう、と考えても、人は思い通りにふるまうことはできない」と教えました。

ところで、弥陀にまかせる立場の頂点として、妙好人《みょうこうにん》と言われる人たちがいます。妙好人は、江戸から明治にかけての頃の、字も満足に書けない百姓や職人などの貧しい庶民でありながら、他力の教えがすっかり身についた人たちです。徹底した信心をうらやましがられ、「どうすればそんなふうになれるのか」と問われても答えることができません。それは自力の質問だからです。「阿弥陀様が勝手に自分に入ってきて、こんな悪い自分を救ってくれる、うれしい、ありがたい」と喜んでいる。死んだ後の覚悟を聞かれれば、「それは自分の仕事ではない（阿弥陀様にまかせたこと）」とすましている。ひょうひょうとしてなにもかも手放しにしたあり方は、わたしには絶対に手の届かない他力信仰の頂点だと感じます〈鈴木大拙『妙好人』〈法蔵館、一九七六年〉など参照ください〉。

ただ、妙好人は、すべてを弥陀のはからいとして受け入れるので、戦争でさえも称賛し歓迎してしまいました。戦争や搾取や差別といった甚大な苦を生み出す動きには、しっかりと批判をして反対をせねばなりません。妙好人というあり方には、この点については問題があるというべきでしょう。これは妙好人だけではなく、他力思想そのものに潜む弱点かもしれません。

この原稿をいったん書き上げ推敲している時、中島岳志『親鸞と日本主義』（新潮選書、二〇一七年）を読みました。帯紙には「戦前、最も危険な右翼の核心に据えられた思想は、「絶対他力」だった」と書かれています。そのとおりの刺激的な内容でした。

親鸞の思想をつきつめて考えた人たちの中から、過激な国粋主義イデオローグが輩出されました。そこでは、例えば、「日本臣民が応召出征決死突撃のまた戦死臨終の瞬間に於ける「天皇陛下万歳！」の叫びに共感同証」しつつ、その死の絶頂の瞬間こそが「自然法《じねんほう》爾《に》」（凡夫を救い取ろうという阿弥陀如来の本願が、おのずと凡夫に発露すること―筆者註）の究極の信仰の境地である、といった主張がなされます。

以前から不思議に感じていたことがあります。

日本の軍隊は、軍歌「同期の桜」（咲いた花なら散るのは覚悟、見事散りましょ、国のため）に見られるように、なぜ勝つことではなく死ぬことに重きを置くのか。作戦上破綻している人間爆弾「桜花」に見られるように、なぜ兵士を無駄に死なせるのか。

ちなみに「桜花」は、ロケット特攻機と呼ばれることもあり、最先端兵器のように思われますが、実際は数秒間火薬が燃焼噴出するだけで、離陸することはもちろん、上昇することもできません。母機となる一式陸上攻撃機の下にぶら下げられ、目標近くの高高度で切り離されて、敵艦目指して落下するという構想でした。しかし、高高度で近づく一式陸攻は、切り離し地点の遥か手前でレーダーに察知され、待ち構える米軍戦闘機に「桜花」を抱いたまま撃ち落されました。特攻隊員のみならず母機の搭乗員七名もいっしょです。設計搭載重量よりはるかに重い「桜花」を抱えた一式陸攻はよたよたとしか飛べず、米軍パイロットたちは「七面鳥撃ち」と言っていたそうです。もはや後がない戦況で必死に開発した新兵器ですが、米軍からは"BAKA Bomb"（馬鹿爆弾）と呼ばれていました。

この、作戦上成り立たない、多くの兵士を無駄死にさせた特攻専用兵器を構想し進言した人物は、自ら搭乗すると言いながら実行しないで、敗戦の詔勅のすぐ後、八月一八日に練習機で飛び立ち、海に不時着して漁船に救われ、偽名を使って戦後五〇年近くを生きたそうです。このような「お調子者」をもてはやす軍隊とは、どれほど真剣かつ現実的にものごとを考えていたのでしょうか。この作戦で撃墜されていった兵士たちの気持ちを思うと、暗澹とした気持ちにならざるを得ません。

兵站を無視し、合理的な思考を遮断して精神論で前線の兵士たちに課題突破を要求し、繰り返しおびただしい犠牲者を出してもそれを改めようとはしない日本の軍隊の背景には、このような「自然法爾」の「思想」があったのか、と思いました。

ずいぶん以前、ホームページにもらった意見で、「弥陀の本願（すべての人を救おうという誓い）は森羅万象に宿る」という、まるで阿弥陀如来の本願を梵（＝ブラフマン、すべてを超越する宇宙原理）のように捉える見方があることを知りました。妙好人も、同じような言葉を残しています。

「わしのせかい（世界）も、こくう（虚空）もひとつ。
をや（親、阿弥陀如来）のこころのかたまりでできた」
「ゑゑな、世界虚空がみなほとけ

わしもそのなか、なむあみだぶつ」

（ともに浅原才市の言葉、鈴木前掲書『妙好人』）

中島の『親鸞と日本主義』に登場する「親鸞主義者」たちにも同じ傾向を感じました。「弥陀の本願はすべてを包摂し、あらゆる対立を融解し、和の世界を実現する」と考えています。そして、「愚かな人知、はからいがそれを阻んでいる。はからいを捨てよ」と要求するのも梵我一如型の発想によくみられる特徴です。

親鸞を信奉する少なからざる人たちが日本主義に陥った背景として、『親鸞と日本主義』は、明治維新を導いた水戸学と国学がその後の日本にも濃い影を落とし国体論を生んだことを挙げています。特に国学の本居宣長は、仏教を排斥したものの、元は熱心な浄土宗の家に生まれ育ち、わたしの言葉で言えば梵我一如化した浄土思想の枠組みに染まっていたようです。弥陀の本願の位置（梵の位置）に天皇の大御心《おおみこころ》、あるいは惟神《かんながら》の道《みち》が置かれ、それは思議することのできない（＝分析的に考察してはならない）「奇霊《くすし》く微妙《たえ》なる」ものであって、すべてを包み込んでいる、とされます。民は、漢意《からごころ》（さかしらな自分考え、はからい――筆者註）を捨てて、天皇の大御心、惟神の道にすべておまかせすればよい。そうすれば、対立も矛盾もない、大いなる和に満たされた理想世界が現前する、と主張します。一部の親鸞主義者たちは、梵我一如型の思想の枠組みを共有することで日本主義と一体化していきます。弥陀の本願と天皇の大御心、惟神の道が、梵の位置において重なり合っていく。そのいきつくところに生まれたのが、先に紹介した、「天皇陛下万歳」と突撃して撃ち殺される瞬間を「自然法爾」の恍惚の境地と捉えるようなグロテスクな発想です。梵我一如化した仏教が、単に釈尊の教えを歪めただけにとどまらず、めぐりめぐってこのようなおぞましい思想とおびただしい数の犠牲者を生むことになったわけです。思想というものが、ひとつ間違えるととんでもない大量の苦をつくってしまうことに、恐怖を感じます。

思想は、それを生んだ人が死んだ後も、意図せざる変転をして、永く人々に苦をつくり続けさせることもあるのです。心せねばならないと改めて思います。

ところで、凡夫は本当に阿弥陀にすがるしかないのでしょうか。わたしは、そうとは思いません。

釈尊が臨終に残した言葉は、

もろもろの事象は過ぎ去るものである。怠ることなく修行を完成なさい。
（中村元訳『ブッダ最後の旅　大パリニッバーナ経』岩波文庫、一九八〇年）

です。八正道にも、正精進があります。やはり、釈尊は、怠らず精進することを弟子たちに求めていました。今が末法の世だと規定すれば、阿弥陀にすがるしか道はないのかもしれません。しかし、釈尊に学ぼうとするなら、やはり精進、努力は必要なのです。

さてしかし、勘の鋭い読者は、こんな疑問を抱かれたことでしょう。

「もし我々が、無常であり無我であり業縁の組み合わせの結果の反応にすぎないのなら、他力に頼るか、運にまかせるかしかないではないか。無常＝無我＝縁起であるのに、なぜ精進、努力ができるのか」

これについては、後で考えます。業と縁がその際のキイ・ワードになります。

「菩薩の自覚」の危険性――法華経信仰

浄土思想が凡夫の自覚の徹底から生まれるのに対して、同じ大乗仏教に属しながらそれと好対照であるのが、法華経における菩薩の概念です。

大乗仏教は、自分ひとりの救済にとどまらず、衆生《しゅじょう》すべてを救う、というのが旗印です。衆生すべてを運べる大きな乗り物であるというのが大乗という名の意味するところで、人々を助けることが奨励されます。

大乗仏教は、それまでの仏教を自分の救済しか考えない小さな乗り物（小乗）と呼んで貶め、菩薩というあり方を重視しました。菩薩というのは、凡夫と仏の中間のカテゴリーで、ニュアンスの異なる三つの意味があります。

一つ目は、凡夫ではあるけれど、「衆生は無辺だが、みんなを救うぞ」と誓願し、仏を目指して修行している凡夫。大乗であれば修業を始めたばかりの人も、この意味では菩薩です。

二番目は、仏になる前の釈尊。

最後は、十分な修行を積み、仏の段階にすでに到達しているが、衆生救済のため敢えて仏にならず俗世に留まっているもの。これには、観音菩薩など、信仰対象となっている多くの菩薩があります。

大乗経典のなかでも法華経は独特で、読んだ人を頑張らせる不思議な魅力に満ちています。

「法華経に触れられるのはめったに得られぬ縁である。しっかりと修行を積んだ者しか法華経には出会えない。今、汝が法華経を読んでいることは、汝が過去生において厳しい修行を積み終えた菩薩である証なのだ。汝は、菩薩としての自覚を持ち、自分を省みず衆生のために働かねばならない」と説きます。先ほど挙げた三種類の菩薩の、最初の発心したての凡夫にも、修行を完成した三番目の菩薩なのだから頑張れと励まし、その気にさせるのです。

少し引用しましょう。

「もしも善男子《ぜんなんし》、善女人《ぜんにょにん》であって、法華経のたとえ一句でも受持し、読誦《どくじゅ》し、解説《げせつ》し、書写して、種々さまざまに教典に、花や、香や、首飾りや、……衣服や、伎楽という［十種を］供養し、合掌し、恭敬するならば、……このひとはこれ偉大なボサツであって、最高の完全なさとりを成就しているけれども、生あるものたちをあわれんでいるところから、とくに願って、ここ人間の世界に生まれて、広く妙法華経を演説し、分別するのである」

「この教典を聞くことができるものは、すなわちよくボサツの道を修行しているのである。……法華経を、もしくは見たり、もしくは聞いたり、聞き終わって信じて理解し、受持するならば、まさに知るべきである。このひとは最高の完全なさとりに近づくことができたのである」

（三枝充悳『法華経現代語訳』所収「第十章　法師品《ほっしほん》」〈レグルス文庫、一九七四年）

法華経を読んだ少なからざる人はその気になり、「わたしも菩薩なのだ。自分を犠牲にして頑張らねばならない」と考えます。「第十五章　従地涌出品《じゅうじゆじゅっぽん》」では、無量千万億（無数）の菩薩が大地から涌きだし、仏が入滅した後の娑婆世界（この世界）で法華経を広く説く、と紹介されますが、法華経を読んで自分も地涌《じゆ》の菩薩のひとりだと捉える人は、少なくありません。

衆生のために骨身を惜しまず働こうという決意は立派です。しかし、残念ながら実際には修行を終えた菩薩ではなくやはり凡夫なのですから、頑張れば頑張るほどかえって苦をつくることになります。昭和初期、農村の困窮に対する義憤に燃え、テロに走った血盟団などはその典型です。二・二六事件の精神的指導者であった北一輝や、日本が満州に侵攻するきっかけをつくった柳条湖事件（関東軍による謀略事件）の張本人、関東軍参謀石原完爾らも、熱心な法華経信者でした。

「自分は菩薩である」などと舞い上がることなく、「自分は苦をつくってしまってばかりの凡夫である」という自覚をしっかりと持ち、苦をつくっていないか、いつも自分に気をつけている癖を育てること（戒）が大切です。

ただし、法華経信者の中には、新興仏教青年同盟を率いて恐れることなく軍部に対峙した妹尾義郎のような人もいたことは、知っておかねばなりません（稲垣真美『仏陀を背負いて街頭へ——妹尾義郎と新興仏教青年同盟』岩波新書、一九七四年）。

プロパガンダ——執着が執着を操り動員する

いま見てきたように、釈尊の教えでさえも、わたしたち凡夫は勝手な拡大をして、しばしばかえって苦を増やしてしまいます。では、どうすればいいのでしょうか。

やはり戒の教えでしょう。自分が苦をつくっていないか、いつも気をつけていることが大切です。

しかし、わたしたちは、一人ひとり皆凡夫ですから、それも完璧にはできません。まして、まちがった考えに染まっていれば、頑張るほどに苦をつくることになります。

では、まちがいをしてばかりの凡夫が寄り集まって、世の中を少しでも苦を増やさないように運営していくにはどうすればいいのか。

出家して俗事にかかわらないことを勧めた釈尊は、この疑問に直接答える解答を多くは残していません。しかし、自分たちはまちがってばかりの凡夫であると自覚することから、ひとつの可能性を見つけることはできます。それは、凡夫の自覚を皆が持って、間違いを指摘し合い、学び合い、考えを深め合うこと、一言でいえば、熟議の民主主義です。凡夫の自覚は、真の民主主義を要請するのです。

大パリニッバーナ経の冒頭で、釈尊は、ヴァッジ族という部族が繁栄し衰退しないであろう理由を七つ挙げています。その第一は、「ヴァッジ人は、しばしば会議を開き、会議には多くの人々が参集する」からです（中村元訳『ブッダ最後の旅』岩波文庫、一九八〇年）。たくさんの視点を持ち寄り課題を多角的に検討しそれを共有しあうことの大切さを釈尊も説いているのです。

民主主義によって苦の少ない社会を築いていくことについては、さらに踏みこんで考えてみる必要があります。

現代の社会は、釈尊の時代に比べてはるかに複雑で大規模になりました。それを動かしている根本欲求は、執着です。執着が執着をからめとり、幾重にも連なり、緻密な網となって世界を覆っています。

執着は、自然に根差す無自覚で自動的な反応です。そのため、誰もが似たような反応をしてしまいます。そこを利用して、執着が執着を操る術が発達しました。広告やプロパガンダです。広告は、大して必要でないものを買わせるくらいのことかもしれませんが、プロパガンダは、甚大な苦を大量に生み出しかねず、大変危険です。

例えば、先ほど触れた柳条湖事件は、石原完爾ら関東軍によるでっちあげでした。ベトナム戦争でアメリカが北爆を始めるきっかけになったトンキン湾事件（アメリカの軍艦が北ベトナムに魚雷攻撃を受けたとされた）は、アメリカによる自作自演でした。湾岸戦争の際、油まみれの水鳥の写真は、自然破壊をためらわないサダム・フセインの悪行の象徴とされましたが、関係のない海難事故の写真でした。イラク兵たちが、保育器を奪うために中の赤ちゃんたちを冷たい床に置き捨てて死なせたという、女の子ナイラの涙ながらの迫真の証言も、まったくの嘘でした。イラク戦争の理由にされた大量破壊兵器もありませんでした。しかし、これらによって人々は怒りを掻き立てられ、戦争へと導かれたのです。

プロパガンダは、正当な主張を装って本音を隠すのが常です。かつて「亜細亜の同胞を欧米列強の植民地支配から解放する」という聞こえのいいスローガンが叫ばれました。しかし、実際に行ったことを見れば、欧米列強に取って代ってアジアを支配しようとした周回遅れの植民地主義にすぎなかったことは明白です。ところが、当時の青年の多くがナイーヴにそれを信じていました。例えば、ニューギニア戦線の杜撰な作戦でどれほど多くの兵がどれほどみじめに、軍事上の意味さえない死に追いやられたかを糾弾する『地獄の日本兵』（新潮新書、二〇〇八年）を書いた飯田進さんもそのひとりです。飯田さんは、アジアの解放を志してニューギニアに赴いたはずが、ＢＣ級戦犯として罪に問われることになりました。食料調達に協力してもらい、おまけに基地までそれを運んでくれた現地の人たちを、「基地の中を見られた」という理由で殺害することになってしまったからです。

プロパガンダは、人々の義憤を巧妙に操ります。義憤は、操られやすく、往々にして状況をかえって悪化させます。あるいは、義憤ではなく心配を煽って、人々をコントロールしようとすることもあります。「○○国はなにをするか分からない」「○○教徒は危険だ」といった言説が流され、不安に陥った国民は、それへの対処を理由にされて、通常なら拒絶するような政策を受け入れてしまいます。

地方行政の隅にいた立場から見ると、購買力が枯渇してものの売れない昨今、人々の不安を煽り、それへの対応に税金を使わせて儲けるというビジネス・モデルが目につきます。例えば、特定の病気への不安を掻き立てて、「予防ワクチンを公費で接種せよ」という世論を煽り立てようとする製薬会社があります。あるいは、平和的解決に向けた外交努力はなおざりのまま、本当に狙われたら大変なことになる原発を次々再稼働させる一方で、「ミサイルが飛んでくるかも」と怖がらせて、ミサイル防衛システムへの巨額の税金投入を国民に容認させようとします。利権になる都合のいいリスクは囃し立て、利権のじゃまになるリスクには頬かむり、帝国陸海軍と同様な合理的思考の欠如、ご都合主義が、今も続いています。赤字国債まで発行しておかしな税金の使い方をするなら、将来世代まで食い物にしていることになります。

プロパガンダが人々の執着を巧妙に操る裏側には、それによって自分の執着を叶えてほくそ笑んでいる人たちがいるのです。

プロパガンダは、人々を同じ方向に動かそうとします。みんなが同じ方向に走りだして勢いがつくと、止まることも方向を変えることもできません。これは、ムカデ競走に似ています。前の人の背中だけを見て、足並みを揃えることだけに夢中になり、どこへ向かっているのかも分からない。先が崖であろうと突き進む。少し前の日本です。多数決だけの民主主義は危ういのです。

そうならないためには、異なる視点を持ち、足並みを乱す人、和を乱す人の存在が重要です。少数意見は、内容以前に、他の人たちと異なるという一点のみで、すでに貴重なのです。立ち止まって検討する機会を提供してくれるのですから。

そして、先に「戒」のところで触れたアンバラッティカ・ラーフラ教誡経が教えるように、自分たちの反応が苦を増やすことにならないか、慎重に吟味することが必要です。そのためにはたくさんの情報を得て、ものごとを多面的に捉えなければなりません。今、さまざまな勢力が自分たちに都合のいいプロパガンダを仕掛けています。どれが真実に近いのか、どのような判断をすれば最も苦をつくらないのか、相容れない情報を突き合わせて広く深く考えねばなりません。しかし、ひとりでできることは限られています。異なる考えの人と意見を交換し、互いに検討し合い批判し合い学び合うほかはありません。

わたしたちみんなが、注意深くふるまい、執着のレベルを下げることができれば、プロパガンダの影響力は低下するのです。

✴異論を語るということ①——集団的自衛権について

村の自衛隊協力会に招かれて挨拶を求められた際、集団的自衛権に関してこんな発言をしました。

基礎自治体の長として、災害時にもいざとなれば自衛隊の応援があると思うと、大変心強い。ハイチでの地震復興支援の報道を見たが、海外の子どもたちに感謝される自衛隊員を誇らしく思った。

しかし、集団的自衛権については、問題だと言わざるを得ない。攻撃されている米軍を助けるというが、戦争は大抵やられたふりで始まる。どちらが仕掛けたのか、簡単には分からない。また、戦況把握の情報量は圧倒的に米軍が上で、しかも作戦立案は米軍がするのだから、自衛隊は、結局実質的に米軍の指揮命令下で戦わされることになる。これは、「結果的にそうならざるを得ない」ということにとどまらず、あらかじめ「指揮権密約」でそう取り決められているという話も聞く。結局のところ、集団的自衛権は、自衛隊の若者を、日本国民の税金で米国から買わされた兵器ともども、米軍に「どうぞ自由にお使いください」と差し出すことにほかならない。何重にも売国的だ。そもそも、自衛隊を差し出すことで米国の歓心を買おうとするのが間違いだ。政治家も外務省も、憲法に定められたとおり、軍事力ではなく真剣な外交努力によって、自国の安全保障を確保し、世界の平和実現に貢献せねばならないはず。彼らは自衛隊員の命を自分たちの都合で使おうとしている。

式典の後の懇親で、隣に座った制服の方に感想を求めると、「情報については確かにそういう面はあるかもしれません」と考え込まれ、少し間をあけて「しかし、自衛隊が米軍の指揮下に入ることはありません。そこはしっかり線が引かれています」とおっしゃいました。わたしもそう望むし、自衛隊が外交の駆け引きの駒として便利に使われてはならないと思います。

普段あまり接点のない自衛隊制服の方と話ができて、なにかあったとき最前線で身体を張らねばならない皆さんの口にできない思いを感じることができたような気がします。制服の方にもわたしの思いの一端は伝わったと思いたいし、立場や意見の違う人とこそ会話をしていかねばならないと改めて考えました。

✴異論を語るということ②――国旗掲揚について

村の戦没者・戦争犠牲者追悼式で、国旗の掲揚をやめて遺族会の皆さんからクレームをいただいたことにも触れておきましょう。

主催が社会福祉協議会から村に移って、主催者の立場でステージをながめると、村旗とならんで国旗が掲げられていることに違和感を覚えました。正面に国旗があることで、国のために亡くなったと顕彰するニュアンスが生まれると感じたのです。翌年、国旗をなくしたところ、村の遺族会からクレームがありました。歴代の会長さん数名が役場に来られ、話し合いをしました。

私からは、「戦死を顕彰したくない。顕彰は、国のために死ねる若者を再びつくることに加担することだから。追悼式は、なぜ戦争で死ぬことになってしまったのか、その理由を問い、同じ失敗をしないために考える機会であるべきだ」と理由を説明しました。一方で、遺族会の皆さんの複雑な思いも感じ取りました。大切な家族の死は無駄ではなかったと思いたいのは自然な人情です。同時に、遺族会の方々は、戦後の苦労も含めて戦争の最大の被害者であり、誰よりも戦争には反対です。村（長野県中川村）や郡（上伊那郡）の会長の多くは、式典で傾聴すべき深い考えを語ってくださいます。改めてお話を聞いて、丁寧さを欠く拙速な対応をしたことを反省して、次回から国旗を復活させることを約束し、その代わりに自分の考えを式典で述べると申し上げました。次の年の主催者挨拶ではこんな挨拶をしました。

「戦没者、戦争犠牲者はなぜ死なねばならなかったのか。それを考えることをあの国旗が蓋をしている。逆にあの国旗を見つめ、あの向こうになにがあるのか見透かして、多くの人が犠牲になった理由を考えるよすがにしたい」

さまざまな立場の人の考えを聞くことは、自分の考えを深めることにつながるのです。

✴異論を語るということ③——靖国神社の歴史認識について

神社新報社の記者とのやりとりも書いておきましょう。

靖国神社の展示施設、遊就館を訪れて考えたことを、村のホームページ「村長からのメッセージ」に掲載しました。（私が村長を辞したので、今は見ることはできません。その後にいただいたいろいろな意見とそれについて考えたことは、個人の旧サイトに残っています。込み入った議論ですが、ご興味あればご覧ください〈http://www.dia.janis.or.jp/~soga/yasukuni.html〉）。

遊就館は、戦争での自己犠牲を悼みつつも美化、顕彰するばかり。その一方で、自己犠牲を強いた側の責任には一切触れようとしない。ところで、昭和天皇は敗戦に伴い東条からマッカーサーに乗り換えたといってよいだろう。平家を倒した源頼朝を征夷大将軍に任じたように、その時その時の新たな軍事的覇者に乗り換えて自分たちを守らせるのが朝廷の伝統だ。つまり、昭和天皇は、言ってみれば、東方の異民族、東夷であるアメリカ人、マッカーサーを征夷大将軍に据えたのであり、大胆かつ柔軟な発想だが、朝廷の伝統にしたがった対応ともいえる。ともあれ、昭和天皇が帝国陸海軍から在日米軍にすでに乗り換えたにもかかわらず、靖国神社は、今もかつてと同様に、対米戦争を含め明治以降の戦争を正当化しようとしている。そして、今も変わらず、戦争準備施設として国のために死ぬことを美化し、後に続いて国のために死ねる若者を獲得する役割を担おうとしている。今後は、負の歴史も含めて振り返り平和を考えるための施設に変身してもらえれば、未来に向けた新たな存在意義が生まれるのではないか。

概略そんなことを掲載し、靖国神社にもそれを手紙で伝えました。靖国神社からは反応はありませんでしたが、神社本庁と密接な関係を持つ神社新報社のＯと名乗る記者さんから電話があり、神社新報紙上に少なくとも二度、わたしからすれば公平さを欠いた記事が掲載されました。Ｏ記者は、わたしの発言は都合のいいように切り取って記事にするのに、わたしがやりとりを公開することは拒否します。仕方なく、わたしからのメールだけを（それだけでもＯ記者の主張はだいたい想像がつくので）村のホームページに掲載しました。たくさんの意見が村役場に届き、靖国神社を囲む人々の中にもさまざまな考えがあることが分かりました。

例えば、O記者は、国内外のすべての戦争犠牲者を祀る「鎮霊社《ちんれいしゃ》」（本殿の塀の外の木々に埋もれ鉄柵に囲われた小さな社）を自慢げに語りましたが、別の人は、天皇のために戦って死んだ者だけが靖国神社には祀られるべきで、鎮霊社は靖国神社にあるべきでない、と主張しました。また、禁門の変（幕末の京都での戦闘）では、御所を攻めて朝敵とされた長州の戦死者が先に靖国神社に祀られ、天皇を守って死んだ会津の兵の合祀はずっと後になった、禁門の変の敵同士が靖国神社には祀られている、と教えてくれた人もいます。父親を合祀から外してほしい、靖国神社から帰してほしいと訴え続けている韓国の女性とも会うことができました。

自分の考えを広く晒せば、実にさまざまな意見や批判が寄せられ、問題を深く多面的に捉えることができると実感しました。

✴異論を語るということ④――戦没者追悼式における政治家の発言について

ところが、最も真剣に議論をせねばならないはずのプロの政治家たちは、戦没者追悼式でも上滑りです。決まって耳にするのは、「皆さんの尊い犠牲のおかげで、今の日本の平和と繁栄がある」という言葉。これを聞くと、わたしは腹が立ってしようがありません。犠牲がなければ平和と繁栄はなかったのでしょうか。平和と繁栄どころか、戦争によって町や村を破壊し、自国と外国のおびただしい人々を死に至らしめ、つらい目に遭わせたのではないでしょうか。戦争で亡くなった人たちが、故郷から引きはがされることなく、元気で活躍できていたなら、もっともっといい世の中をつくってくれていたに違いありません。未来ある若者や多くの人々を死に至らしめた責任をこんな言葉でごまかしていいはずはありません。

もうひとつ、必ず口にされるのは、「一方、目を世界に転ずると、戦火の絶えることはなく、心が痛む。皆さんの前で、世界の恒久平和の実現を改めてお誓い申し上げます」という言葉です。しかし、こういうことを言う人が、世界の平和どころか、集団的自衛権の問題など、足元で自分の国が戦争をする国になろうとしていることに対して、声を上げるのを聞いたことはありません。

戦死した兵士たちは、杜撰な戦争で食料や医薬品も満足に与えられずに、「鬼畜米英」「生きて虜囚《りょしゅう》の辱《はずかし》めを受けず」と叩き込まれ、バンザイ突撃をさせられたのです。それが今では、集団的自衛権で日本の若者をどうぞと米軍に差し出す媚米《びべい》ぶり。戦没者の霊が見れば、「鬼畜米英ではなかったのか!? 結局こんなことになるのなら、なぜ俺たちはあんな死に方をしなければならなかったのか!?」と歯ぎしりをして悔しがることでしょう。

にもかかわらず、政治家たちは、式典の場さえきれいに流れればいいという言葉でお茶を濁している。戦争の犠牲にされた人たちを冒涜《ぼうとく》していると言わざるを得ません。

✴異論を語るということ⑤——憲法改正について

もうひとつ最近でも、政治家たちが真摯な議論を避けていると感じる事例がありました。改憲で取りざたされている緊急事態条項について、長野県伊那谷《いなだに》（上伊那・下伊那の両郡）の市町村の二〇一八年三月定例議会に請願、陳情をしました。緊急事態条項を憲法に加えないように衆参両院議長に意見書を出してほしいとお願いをしたのです。ある自治体の議会から委員会に説明に来るよう求められ、このように話しました。

大規模災害時に緊急事態条項は必要というが、共同通信による東日本大震災被災市町村アンケートでは、憲法に緊急事態条項が必要という市町村長は一人だけだった。災害対応の法律は、災害対策基本法や地震防災対策特別措置法などがあるし、それに不備があるならそこを改善すべきだ。それ以前に、適切に対策が実行されるよう、運営体制を検証することが先ではないか。災害現場の多様なニーズや刻々と変わる状況を把握するのは市町村である。災害時には、首相への権力集中ではなく、逆に、市町村にもっと権限を委譲すべきだ、という意見がアンケートの大勢を占めた。

海外の憲法にも同様の条項があるというが、ドイツ、フランスでは大変厳格な縛りをかけている。それは、ナチスが、自作自演の国会炎上事件などさまざまな手口を巧妙に使って権力を掌握していく過程で、緊急事態条項が大きな役割が果したたという苦い経験があるからだ。

ところが、自民党改憲案は、総理大臣自身が緊急事態を宣言することで自分に大きな権力を集中できる仕組みになっている。なにが緊急事態にあたるかも、例示されるだけで拡大が可能だ。百日間は国会の承認なく「緊急事態」を継続することができ、その間、国会で制定する法律と同じ効力を持つ政令を内閣が発することができる。これは国会の立法権の侵害である。自治体の長に指示できるとするのは、地方自治を犯すことだ。何人も指示に従わねばならないとし、基本的人権も最大限の尊重を言うだけで、内閣が必要とすれば制限することもできる。

緊急事態条項は、政権にとってなんでもできる打出《うちで》の小槌《こづち》、ドラえもんのポケットだ。今の安倍政権だけのことではない。今後どのような政権、どういう総理大臣が現れるかしれないのに、彼らすべてに何でも好きにできる強力な権限を与えることになる。

最後に述べた点は、与野党を問わず重要なポイントのはずですが、そこには反応はなく、国政与党の党籍をもつ議員から否定的な発言がありました。

「これから国政で議論されるのだから、基礎自治体のレベルで意見を言うのは時期尚早だ」

「被災自治体は国の積極的関与を求めたと聞いている」

「時期尚早」と同様によく耳にするのは、「すでに国が決めたこと」です。一体いつなら議論ができるというのでしょうか。単に議論させないための詭弁にすぎません。

二つ目の反論については、政府の対応の不備に自治体がクレームを付けたことはもちろんあったでしょう。しかし、わたしが問題提起したのは、個別事例の課題ではなく、中央集権か現地への権限移譲かという基本的な考え方です。発言した議員に「それはどこから聞いた話ですか、情報ソースは何」と尋ねましたが、答えはありませんでした。

委員長はなんどか発言を促し、請願の紹介議員ともう一人の議員からは力強い賛成意見ももらいましたが、議論にならないまま採決となり、まったく発言しなかった議員らが「不採択」に手を挙げ、二対三で委員会では不採択となりました（本会議でも不採択。伊那谷の市町村では、宮田村と豊丘《とよおか》村だけが採択してくれました。残念ながら、中川村も不採択でした―筆者註）。

この時のことだけではなく、中川村の議会でもずっと見てきたことですが、しっかり議論して考えを深め合って正しい答えを探ろうという雰囲気はめったに生まれません。基礎自治体の議員ですら国政の息がかかっていて、それぞれに最初から結論は決まっており、言質《げんち》を取られないように警戒しながらすれ違いの議論を演じるか、あるいは一言も発しないまま、採決の時には初めから決まった方に手を挙げるというのが実際です。

政権を擁護する側と批判する側が、それぞれの候補を選挙に押し立て、まれに中間の議員が生まれたとしても、さまざまなしがらみをつくって取り込んでいきます。市町村議会の実態は、国政の代理戦争、などとはとても呼べない、代理のこぜり合い、代理のいがみ合いのレベルです。何人かの議員が自分の後ろの勢力をおもんぱかった発言をするだけで、議論によって考えを深め合って地域住民のために良い答えを見つけようという姿勢は希薄です。

国会中継を見ても、どの質問にも同じ紋切り型の言い逃れの繰り返しやはぐらかしばかりで、ともかく言質を取られずその場を切り抜けることしか考えていないのでしょう。市町村から国にいたるまで、プロの政治家たちに熟議を求めてもしょうがないと、あきらめの気持ちになってしまいます。

現職総理大臣が改憲をしようとすることの問題にも触れねばなりません。

わたしは、日本国憲法前文が理念を高々と掲げていることを誇らしく思っています。平和主義や国民主権ももちろんすばらしいのですが、一番は世界中の人々のために貢献すると誓っている点です。人類の未来を拓く世界最先端の憲法だと思います。

憲法前文は、「全世界の国民が、ひとしく恐怖と欠乏から免かれ、平和のうちに生存する権利を有する」と述べ、「平和を維持し、専制と隷従、圧迫と偏狭を地上から永遠に除去しようと努めてゐる国際社会において、名誉ある地位を占めたい」と書いています。世界中の人々が平和のうちに苦なく暮らせるべきだと主張しているのです。釈尊の教えともこの本のテーマともいっしょです。「名誉ある地位を占めたい」とは、そういう世界を実現するリーダーになるという宣言です。浅薄な「〇〇ファースト」とは正反対です。

そして、前文はこういう言葉で締めくくられています。

「日本国民は、国家の名誉にかけ、全力をあげてこの崇高な理想と目的を達成することを誓ふ」

主権者国民が、国家の名誉にかけて誓っているのです。「国民の厳粛な信託」によってその役割を与えられた政府、内閣総理大臣は、当然のこと真摯にこの誓いを受け止め、世界中の人々のために全力を挙げて努力せねばなりません。にもかかわらず、安倍首相は、日本国憲法前文を「いじましい、みっともない」と評しました。近隣との対立をあおり、それを脅威として利用し、軍事予算を増やそうとしています。日本国憲法の平和主義は現実的でないと言いますが、軍備増強と狙われれば致命的な原発の再稼働を同時に進めることの、どこが現実的なのでしょうか。見せかけの「現実主義」は、現実を一層悪化させます。日本国憲法前文が掲げる崇高な理念を理解する能力がなく、国民の信託を受けてその役割を担っているという自覚も持てない人物は、内閣総理大臣として全く不適格だと言わざるを得ません。

憲法前文の誓いを忘れず、どこの国においても平和で幸福な暮らしが実現されるよう真摯に努力することで、日本は、近隣を含めて世界中の人々から敬愛される国になれるし、それこそが最高の安全保障にもつながるはずです。

熟議の民主主義への第一歩は「凡夫の自覚」から

以前、私は「国旗に一礼しない村長」として話題になったことがあります。みんなを型にはめて同じ作法を強要する空気があるうちは一礼しない、と説明しました。いろいろな反響がありましたが、その中にこんな電話がありました。わたしの「少数意見であれ、議論し批判し合い学び合うのが民主主義」という考えに対して、電話の相手は「選挙で多数を獲った政治のプロが、上意下達で統治するのが民主主義である。地方自治体の長の任務は、国による統治に従って、住民を統治することだ。村長たるもの、国の統治に従い、国旗に礼を表して住民に範を垂れ、住民にも礼をさせよ」と主張しました。これには驚きました。地方自治をなんだと思っているのでしょうか。

そもそも、国や地域をどのようにしていくかではなく、ともかく選挙で勝つことが重要だと考えています。選挙に勝ってなにをしたいのか。利権を手に入れたいだけかもしれません。このような考えでは、選挙に勝つためには何をしてもいい、ということになりかねません。実際、選挙公約のほとんどは、有権者の受けだけを狙ったもので、実現するつもりなどさらさらなく、当選後にそれがまったくの嘘であったと分かっても、ほとんど問題にされないのが昨今の日本の現実です。政策の議論はなおざりで、政治のボスたちが密室談合の裏取り引きでくっついたり離れたりを繰り返し、政局ばかりが話題になるのも、これが日本の政治の実態だからかもしれません。

議論をして学び合う熟議の民主主義は、どうすれば実現できるのか。政党政治、選挙制度、さまざまな問題点がありそうです。政治家も有権者も、組織（党）の立場ではなく、個人としてみずから学び考えるようにならなければならないと思います。

政党の幹部であれ、「政治のプロ」であれ、我々と同様に凡夫です。凡夫は、執着のまま間違いをしてばかりいるのですから、そんな者に任せてしまうのは危険です。実際、密室談合の裏取り引きは、おそらく自分たちの執着のために行われているのでしょう。

凡夫ばかりで構成されている社会が、なるべく苦をつくらないようにするためには、まずもって「凡夫の自覚」が「上」から「下」まで広く共有されることが必要です。お互いに間違ってばかりの凡夫同士という自覚をもって、意見を聞き合い、議論し、批判し合う。

それによって異なる意見同士が学び合い、考えを深め合うことができます。遠く隔たった考えでも、互いの批判から学び合っていけば、だんだんと近づいて行きます。それは、互いに近づくだけでなく、考えが深まっていくことであり、正しいところに近づいているはずです。凡夫の自覚を皆で共有することは、民主主義の土台なのです。

もしもプロの政治家たちが、市町村議会議員も含めて、組織の利害に取り込まれて熟議ができないのなら、我々主権者の側が、意見を表明し合い、批判し合い、考えを深め強い世論をつくって「政治のプロ」たちを追い込んでいくほかはないと思います。

進化生物学者にR・ドーキンスという人がいて、ミーム（meme）というおもしろい着眼を提示しています。情報や思想は遺伝子と同じような振る舞いをする、というのです。ミーム（情報や思想）は、相対立するミームと争って生存競争をしつつ、人々の中に増え広がろうとします。競争に負けたミームは、忘れ去られ滅びていきます。また逆に、人から人へと広がるうちに、議論や批判によって鍛えられ、新しい着想が加えられ、深化、発展していくものもあります。生物の進化論ならぬ、思想の深化論です。

恐竜に踏みつぶされないように逃げ惑う小さなネズミのような初期の哺乳類が、競争を生き延び環境変化を克服して、進化の末に人類が生まれました。それと同じように、見向きもされなかった風変わりな少数意見が、議論によって深められ、拡散し、やがて世界の常識へと深化、発展することもあり得ます。「すべての人は、等しく人権をもつ」という考えも、かつては愚かな少数意見でした。少数意見こそが、鍛えられ、深化しつつ支持を拡げ、苦の少ない新たな社会を築いていくのです。多数意見は大抵は古い意見であり、それればかりが大手を振る社会は良くなりません。

ところで、我々は凡夫ですから、自分の考えを自分だけで完全なものに仕上げようとしても、時間がかかるばかりで、不可能です。プロパガンダに操られたり間違った考えである可能性も大いにあります。しかし、たとえ不完全であっても、ともかく発信することです。間違っていれば誰かが指摘してくれます。発展の可能性があれば、誰かが触発されて深化させてくれるかもしれません。そうやってみんなで考えを深めていく。批判されるかもしれませんが、批判を恐れてはいけません。批判は最高の教師です。間違いに気がつけば改めればいいし、指摘された問題点を克服できれば、深化です。思いつきでも何でもともかくどんどん発言し、批判に晒し、批判から学んで考えを深めるのです。

政治をプロの政治家や政党に任せず、我々みんなが、より苦の少ない社会をつくっていくためには、気安く議論する空気をつくっていかねばなりません。活発な議論が展開されるようになれば、「政治のプロ」も勝手はできなくなります（この本も、こういう意図で敢えて物議をかもすことを狙って書いています。どうかどしどし批判してください—筆者註）。

ただし、「政治のプロ」たちは、「アマチュア」（主権者）が意見や疑問を述べることを好みません。議論から逃げつつ、発言を押さえつけようとします。わたし自身の経験からいうと、考えの内容には触れないまま、「村長という立場をわきまえよ」とか「意見表明の場がふさわしくない」といった、周辺の形式をあげつらって、発言を控えさせようと圧力をかけてきました。これでは、単なる言論の抑圧です。おそらく、ミームで正面から反論する自信がないのでしょう。自由に意見を表明し、批判し合い、議論し合い、学び合うことの正反対です。これに対しては指弾して、圧力をはねのけねばなりません。ミームにはミームで正々堂々と勝負を挑むべきです。それでこそ学び合うことができます。力を持った連中が忖度を強いて自分たちに不都合な意見を封殺する社会は、活力を失い衰退していきます。

凡夫であるわたしたちが集まって、プロパガンダに操られることなく、なるべく苦を生まないように社会を運営していくには、凡夫の自覚をみんなで共有し、少数意見も含めて多様な意見に耳を傾け、批判し合い、議論し合い、考えを深め合うしかありません。凡夫が寄り集まって、苦をつくることが少ない社会を創り上げていくには、情報公開と言論の自由に基づく熟議の民主主義が不可欠なのです。釈尊の教えは、正しい民主主義を要請します。

（ついでに触れると、わたしは、ベーシック・インカム〈註1〉やトービン税〈註2〉というアイデアは、今は最初期のほ乳類のように小さくて頼りなげですが、鍛え上げられて深化すれば、社会を大きく変革する可能性を秘めた、おもしろいアイデアではないかと期待しています。もちろん、副作用もあるかもしれず、十分な研究が必要ですが。）

【註】

〈1〉ベーシック・インカム

世帯ではなくすべての個人に、資産や所得、労働意欲などの条件を設けず、生存に必要な基本給付を現金で定期的に行う制度。現行の福祉の現金給付部分（生活保護や年金、失業手当など）はこれに統合される。無条件に等しく全員に給付されるので、受給申請も審査も不要になる。賃労働せずとも最低限の生活はできるし、儲けたければ努力と才覚でいくらでも稼ぐことは可能。これをどう評価するかで、その人の人間観、労働観が赤裸々に表れるのでおもしろい。

〈2〉トービン税

為替取引では、実体取引の決済支払いをはるかに上回る額が投機的取引のために頻繁にやり取りされている。これに税金を課す制度。膨大な売買が行われているので、極低率でもトータルでは税として十分な額になる。ただし、世界中のすべての国、地域が取り組まなければ実効性のないことが難点。これに限らず、各国政府よりグローバル資本の方が強い支配力を持つ現状を打破するためには、各国政府が、人々の利益のために結束してグローバル資本に対抗することが必要だと思う。

第6章 三学《さんがく》

定《じょう》

――自分という反応をミニマムにしてしっかり観察する

釈尊の教えの全体構造

四　諦

苦：この世は苦である

集：苦の原因は執着である

滅：執着を滅すれば、苦の生産も止まる

道：執着を鎮めるためのプログラム

⇒三学へ

三　学

戒：苦をつくらぬよう
自分という反応を整える

**定：自分という反応をミニマムにして
しっかり観察する**

慧：自分のこととして無常＝無我＝縁起を確認、納得する

⇒無常＝無我＝縁起へ

少々世俗の話題に深入りしすぎました。釈尊の教えに戻りましょう。本論の流れを思い出していただくために、簡単に振り返っておきます。

釈尊の教えの全体構造は、四諦《したい》、すなわち苦、集、滅、道で示される。執着の喜びはかりそめのもので、大きな苦の一部分である。凡夫は、目先の執着の喜びや怒りなどの感情に踊らされて、自分の苦を客観的に見ることができない（苦）。苦の原因は、執着であり、なかでも我執がその根本原因である（集）。我執が鎮まれば、苦の生産も止まる（滅）。我執を消沈させるにはしかるべき手順、段取りがある（道）。そして、道は、八正道や三学で示されるが、この小論では、三学（戒、定、慧）で説明することにして、戒の説明までを終えました。

戒は、自分という反応が苦をつくっていないか、いつも自分に気をつけていようとする努力であり、それによって、自分という反応はだんだんと落ち着き、観察可能な状態に近づいていきます。また、自分に気をつけている努力は、次の段階のより高度な修行、定や慧のための下準備にもなります。

基本は座禅

戒の次に置かれる定は、自分という反応をミニマムにした上で、しっかりと観察することです。戒の段階では副次的な効果であったことを、正面から目指します。静かに落ち着かせることで、自分という反応は、つぶさに観察できる状態になります。精緻な観察のためには、観察の対象である自分も、観察する側の自分も、両方が静謐《せいひつ》な状態にあることが必要です。

例えるなら、ネズミが走るかすかな物音さえ響き渡ってしまうがらんどうの聖堂のような状態をめざします。

基本はやはり座禅です。

中国の禅籍『坐禅儀』には、座り方の具体的なアドバイスが書かれています（梶谷宗忍・柳田聖山・辻村公一『禅の語録〈16〉信心銘・証道歌・十牛図・坐禅儀』〈筑摩書房、一九七四年〉など参照）。

試行錯誤した結果のわたしの工夫を付け加えて説明します。

まず、なるべく静かで快適な場所を選び、座布団を二つ折りにするなどして尻を少し高く持ち上げ、結跏《けっか》（両方の足の甲をそれぞれ反対側の足の腿に乗せる座り方）または半跏《はんか》（片方の甲を反対の腿に乗せる座り方）に足を組みます。両膝が床につくように尻の下の厚みを調節し、両膝と尻の三点でバランス良く座ります。上体を前後、そして左右に揺らして、振幅を小さくしていき、中央で止めます。頭のてっぺんをまっすぐ上に伸ばす感覚で上体を高く引き上げ、次に段々に力を抜いて、背骨を下から順にひとつずつ下の背骨の真ん中に乗せていくようにします。うまくこれができれば、力むことなくすっと背筋の伸びた姿で楽に座っていることができます。背中が丸くならないように気にする余り、力んで胸を張ったり背中を反らせたりしていると、定には入れません。

目については、学生時代に通った臨済宗某寺院の座禅会では、「絶対につむってはいけない。一、二メートル先に見るでもなく視線を落としなさい（半眼）」と指導されました。『坐禅儀』も、目を閉じて座るのを「黒山鬼窟《こくさんきくつ》」と呼んで戒めています。仏像も、薄く目を開けています。一方、南伝仏教上座部系のヴィパッサナー瞑想会では、「どちらでもいいが、つむった方が集中しやすい」と言われました。

初学の人がすべきことは、臨済禅では、できるだけ息を細く長く深くして、一〇ずつ何度も繰り返し数え続けるように教えられました（数息観）。一方、上座部系瞑想会では、呼吸する腹の膨らみ、へこみ、あるいは鼻の穴を出入りする空気の流れを、できる限り詳細に感じ取るように、との指導です。臨済禅とは異なり、特に深い息や長い息を心がける必要はなく、自然に息をしてそれを忠実に感じ続けるのです。実際にやってみると、お腹がギュルと鳴ったり、頭や顔を虫が這っているように感じたり、さまざまな感覚が現れます。上座部系では、それらをひとつひとつ確認していきます。

両方をかじった経験からすると、上座部系のやり方の方が、自分が無常にして無我なる縁起の自動的反応であることを実直に観察するという点で、目的へのアプローチがストレートだし、効果が高いと感じました。例えば、経行《きんひん》（座禅の間に堂内や庭などをしばらく歩くこと）は、日本の禅でも上座部でも行いますが、日本の座禅の会では、血行を回復し足のしびれをとるため、と聞きました。一方の上座部では、「歩く瞑想」として極めてゆっくりと歩きますが、それは筋肉や関節の動きをひとつ残らず感じ取ろうとする愚直な自己観察の修行です。

定には、止（サマタ）と観（ヴィパッサナー）のふたつの要素があります。止は、自分という反応をできる限りミニマムにすることです。あれこれいろんなことを考えていたのでは、定にはなりません。反応を鎮めて、自分をしんとした静謐な状態にすることが止です。

わたしは妄想だけでできている

座禅中にあれこれ考えることを、妄想といいます。後から思いおこすこともできない些細なことが縁となって、仕事のことやいろいろな用事、あるいは、振り返ることもできないあやふやなイメージが蔓《つる》のように延々と伸びていきます。実際に座ってみれば、うまく定に入れることはまれで、止や観どころか妄想ばかりというのが実態です。それに気づくと、「あ、妄想している、いかんいかん」と気持ちを改め、数息観や腹の膨らみ、へこみの観察に戻るのですが、ある時、気づきました。

瞑想中だから、妄想だと思う。だが、これが妄想であるとすれば、普段の日常のあれこれの算段も、すべて妄想ではないか。「わたし」とは、ちょっとしたことが縁になって自動的に湧いて出る妄想ばかりでできているのではないか、と。

妄想ではない「私」があるとすれば、それはアートマンにほかなりません。「わたしは妄想ばかりでできている」というのは、無我ということのわたしなりの気づきでした。

座禅の経験のある方は、誰でも同意されると思いますが、数息観、あるいは自己観察に集中しようとどれほど堅く決意しても、大抵はいつの間にか妄想が始まっています。このことは、わたしは、しっかりと自分を管理する「我」など持たない、縁によって起こされる反応であることの、なによりの証拠です。

観―自分という反応をつぶさに観察する

定には、止（サマタ）と観（ヴィパッサナー）の二種類があると書き、止の説明をしました。もう片方の観は、自分を観察することです。顕微鏡で調べるように、細部に肉薄して子細にクローズアップ、かつリアルタイムで自分という反応の起こっている様を観察し続けます。さきほど触れた、息をする腹の動きや、鼻の穴を通る息の流れや、歩く時の関節や筋肉の感覚などが、初学の段階の観察対象になります。

止ができていなければ、観は不可能です。観がなくて止だけでは、意味がありません。止と観は、車の両輪に例えられてきました。

ところが、禅宗では、止に偏重し観がなおざりにされているのではないか、と感じます。

止だけを徹底していけば、まったく動かず、なにも考えないことが一番よい、ということになってしまいます。意識の志向対象をなくして、意識そのものをなくそうとする。すなわち、無念無想です。

禅宗の無念無想については、サムイェーの宗論という歴史上の事件がチベットでありました。チベットに仏教が伝えられたのは、インドから遠い日本よりもずいぶん遅く、八世紀の後半です。中国からの禅宗とインド大乗仏教の中観派《ちゅうがんは》（「すべては他との依存関係によってそれであり、それ単独でそれであるような本質を持たず、無自性であり、空である」と主張する学派─筆者註）とがほぼ同時に入りました。ところが、同じ仏教を標榜するのに教えの内容があまりにも異なるので、混乱が生まれました。そこで、サムイェーというお寺において王様の前で議論して決着をつけることになり、無念無想を主張した中国禅は負けて放逐され、以後、チベットではインド中観派が正統になったという事件です（松本史朗『チベット仏教哲学』大蔵出版、一九九七年）。

無念無想が梵我一如型の発想から派生しがちな考えであることはすでに述べましたが、中国で生まれた禅宗には、先に触れた老荘思想の影響か、梵我一如化の傾向を感じます。たとえば、仏性《ぶっしょう》という考えは、大乗仏教に広く見られ、禅宗も例外ではありません。「一切有情悉有仏性」という表現で示されるように、すべての有情《うじょう》（感情のある生き物）が内に宿す「仏となるべき本性」を意味します。一切の有情にそれがあると考えるのも、本源である梵からすべてが生成したという発想によるのでしょう。「わたしの中にある肯定すべき本来の私」、すなわちアートマン（真我）を仏教的に呼び変えた概念です。

さらに典型的な例を挙げると、唐の時代の有名な禅僧、臨済義玄は、『臨済録』に「赤肉団（心臓）の上に一無位の真人がいる」「随処に主となれば、立処皆な真なり」という言葉を残しています。「一無位の真人」とは、アートマンそのものを連想させますし、「随処に主となる」というのも、第一原因たる主体であろうとすることでしょう。自由不羈《じゆうふき》のアートマンであろうとすることだと思います。釈尊の無常＝無我＝縁起の考えとは相容れません（詳細は、松本史朗『禅思想の批判的研究』〈大蔵出版、一九九四年〉を参照）。

無念無想は、苦行と同様に、アートマンを解放しようとする梵我一如型の発想の表れのひとつです。苦行が、肉体の束縛を弱めてアートマンを解放しようとするのに対して、無念無想は、「あれこれとさかしらな作為をすることがアートマンを縛っている。つまらぬはからいをすべてやめて、なにも考えなければ、内奥にある無分別智が自由無碍に働き出す」と考えます。「無分別智」という言葉がそもそも言語矛盾ですが、分析的に考えることは、妄想分別と呼ばれて禁止され、「本来の自己」を一挙に体得しようとします（頓悟《とんご》）。老荘思想の「無為自然」にもつながるでしょう。しかしながら、「考えるのはやめよう」と考えるのも考えることであり、「はからいをやめよう」とするのもはからいですから、この考えはなかなかうまくいきません。

それに対して、釈尊の教えに顕著な傾向は、ものごとを細かく分析し、いくつにも「分《ふん》別《べつ》」して考えることです。四諦、八正道、三学にはすでに言及しましたが、ほかにも五蘊《ごうん》など、数字がつく用語はいくつもあり、分析して考える姿勢が明確です。

最晩年の釈尊が、悪魔から「もう死ぬべき時だ」と誘われた時にこう答えた、という説話があります。

わが修行僧であるわが弟子たちが、……みずから知ったことおよび師からおしえられたことをたもって解説し、説明し、知らしめ、確立し、開明し、分析し、闡明《せんめい》し、異論が起こったときには、道理によってそれをよく説き伏せて、教えを反駁し得ないものとして説くようにならないならば、その間は、わたしは亡くならないであろう。

（中村元訳『ブッダ最後の旅　大パリニッバーナ経』岩波文庫、一九八〇年）

無念無想の無分別智とは正反対の、言葉によって分析し合理的論理的に説明し伝えようという姿勢をはっきりと示しています。禅宗の不立文字《ふりゅうもんじ》（「禅の神髄は言葉で説明伝達することはできない。自ら体得するほかはない」という考え—筆者註）の伝統とは正反対です。

ところで、無念無想は、短時間であれば実現することがあります。学生時代、居士《こじ》（出家した僧ではない、在家の修行者）むけの座禅会で老師の元へ参禅（与えられた公案に対する見解を述べにいくこと。いわゆる禅問答をしにいくこと）するため、順番を待っていました。老師が前の人に「もう帰れ」という鈴を振ると、次の人は廊下で鐘を叩いてから、老師の部屋に向かうのです。その日は、取材が入っていました。廊下で鐘の横に座って鈴の音を待つわたしの真正面でカメラを構えられ、最初は落ち着かなかったけれど、数息観を始めました。すると、突然シャッターが落ちる大きな音がして、わたしは現実に引き戻されました。気がつかないうちに時間が経っていたのです。前の人の参禅がまだ終わっていないので、長くても数分のことだったでしょう。後でもらった写真には、我ながらほれぼれする姿で座っている自分がありました（残念ながらこの写真は失くしてしまいお見せすることができません―筆者註)。

ほんの短い間に、正面にカメラを据えられながらも無念無想になれた自分に驚きました。しかし、この間のことはなにも憶えていません。とすると、憶えていないだけで、この時のほかにも座禅中の無念無想は何度かあったのかもしれません。オートバイの事故などで気絶したり、その後の手術などで全身麻酔をされたこともあります。そういう場合も含めれば、たいていの人は無念無想を、実は何度も経験している可能性があります。夢も見ない深い眠りは、無念無想と同じなのかもしれません。

後でまた紹介するA・ダマシオという神経学者が、『無意識の脳、自己意識の脳』(田中三彦訳、講談社、二〇〇三年)という本で欠神自動症《けっしんじどうしょう》という癲癇《てんかん》の症状に触れています。目の前の患者さんが突然「もぬけの殻」状態になり、テーブルのコーヒーを吸ったり立ち上がって歩いたりするのに、意識も認識もない状態にしばらく陥ったことを書いています。

無念無想の状態は、現実に可能ですが、気絶や全身麻酔、欠神自動症と同様に、自分が無常であり無我であり縁起の反応であることを納得するためには、なんの役にも立ちません。

「無念無想」は役に立たない

タイのブッダダーサ比丘（Buddhadasa Bhikkhu、タイ語ではプッタタートとも。一九〇六〜九三年）は、『Handbook for Mankind』という冊子で定についてこんなことを言っています（タイ語の英訳からの曽我による重訳。括弧内は曽我による補足）。

「言葉を替えれば、それ（正しい定のあり方）は、働くのに適したものであり、（知るべきものを）まさに知らんとするものである。これが目指すべき定の程度であって、気づき（念）のない、石のように固まって座る深い定ではない。このような深い定で座るなら、なにものをも詳しく観察することはできない。これは（念のない）不注意の状態であり、慧の役には立たない。（それどころか）深い定は、慧の修行に対する主要な障害のひとつである。内省の修行のためには、まずもっと浅い定のレベルにもどらねばならない。そうすれば心が得た力を使うことができる。高度に開発された定も、（完成の境地や目的ではなく）（慧の修行のための）道具に過ぎない」

「深い定によってもたらされる幸福感や安らぎ、あるいは無分別を、完全な苦の滅《めっ》尽《じん》であるとする間違った理解は、釈尊の時代にも多くみられたし、現代においても依然として喧伝されている」

ブッダダーサ比丘は、「無念無想では観はできない。観の修行がうまくいくレベルの止を目指すべきだ」と言っているのです。

禅宗に対して、上座部では、逆に観（ヴィパッサナー）の方に重点を置いており、上座部は、自分たちの瞑想をヴィパッサナー瞑想と呼んでいます。先ほど書いたとおり、その時その時の自分という反応を、クローズアップ、リアルタイムで子細に観察し続けるのです。

ヴィパッサナー瞑想会で、行住坐臥《ぎょうじゅうざが》すべてのふるまいをできるかぎりゆっくりと行いながら、常に今の自分の様子を意識し観察し続けるという修行の中で、おもしろい発見をしました。歩く瞑想で「では、これから歩き始めます」と考えた際に、片足を上げる前にすでに自動的に身体が反応していて、反対の足にすっかり体重がかけられていたのです。また、引き戸の前まで来て「では戸に手をかけます」と思った時、気がつけば、垂らした手の片方の手首がすでに一八〇度捻られていて、腕を上げれば戸に指がかけられる状態になっていました。「立派な私（アートマン）がいて、それがなにもかも段取りをつけ指示しているのではない。わたしの意思よりも先に、自動的に身体の反応は展開しているのだ」と生々しく気づいた瞬間でした。

ヴィパッサナー瞑想は、自分に起こっている微細な動き、変化を愚直にストレートに観察しようとします。その中で、無常＝無我＝縁起が自分のこととして納得されることを期す、ということだと思います。一週間、一〇日間の合宿にこれまで何度か参加しただけですが、新たな発見があり、興味深い経験ができました。

ヴィパッサナー瞑想は、細かなところまで体系づけられた指導法があり、指導者によって内容は微妙に異なるようです。釈尊が行っていたそのままの瞑想法であると主張されますが、ブッダダーサ比丘は、先に紹介した文章に続いて、「ヴィパッサナー瞑想は、釈尊の時代のものではなく、後の世になって開発されたもので、これがもたらす定は使いこなせないほど過剰であることが多い」と注意していることにも触れておきます。

ともあれ、止と観の両方がバランスよくあることが大切です。

凡夫の日常は、煮えたぎる鍋のように激しく沸き立ち逆巻いて、とてもじっくりと観察できるものではありません。止の訓練によって自分という反応を落ち着いた静謐な状態にして、ようやく観察対象にできます。しかし、観察もできない無念無想の瞑想は、釈尊の教えを自分において確認する役には立ちません。

どこか一カ所に観察対象を立て、腹の上下や息の出入り、歩く時の関節の動きといった自分自身の変化を集中してリアルタイム、クローズアップで感じ続ける。それによって、自分という反応はさらに鎮まり、ますます観察の深度は深まっていきます。

また、定の練習を重ねていくと、自分の反応を観察する癖がついてきます。そうすると、戒も、立ち上がりの頻度が上がっていきます。

第7章 三学《さんがく》

慧《え》

――自分のこととして無常＝無我＝縁起を確認、納得する

釈尊の教えの全体構造

四　諦

苦：この世は苦である

集：苦の原因は執着である

滅：執着を滅すれば、苦の生産も止まる

道：執着を鎮めるためのプログラム

⇒三学へ

三　学

戒：苦をつくらぬよう
自分という反応を整える

定：自分という反応をミニマムにして
しっかり観察する

慧：自分のこととして無常＝無我＝縁起を確認、納得する

⇒無常＝無我＝縁起へ

さあ、では、いよいよ釈尊の教えの本丸に入ります。

戒において自分という反応を整え、定において自分という反応をミニマムに鎮めた上で、リアルタイム、クローズアップで自分を詳細に徹底的に観察する。その結果見出されるのが、慧、すなわち自分自身の無常＝無我＝縁起です。

無常＝無我＝縁起こそ釈尊の教えの核心ですが、耳学問、目学問の単なる知識で終わっては大した効果はありません。真に執着を停止するには、自分の身において確認し、自分のこととして「あぁ、そうだったのか！」と腑に落ちて納得する体験が必要です。

これは、長年の思い込みが決壊する瞬間ではあります。しかし、実のところ、「ついにわたしは真理をつかんだぞ！」というような高揚感や絶頂感というより、「なぁんだ。そういうことだったのか。わたしは思い違いをしていたんだ。いやぁ言われてみればなるほどそのとおり、確かに無常で無我で縁起であった」という、肩の力が抜けるような、同時に霧が晴れるような感覚であるはずです。無常＝無我＝縁起は、気づくまではなんだかわけの分からない雲をつかむような話ですが、気づいてしまえば、至極当然なシンプルであたりまえのことであるからです。

例えるなら、地動説のようなものです。大地は平らで太陽や月や星が毎日現れては沈むと思い込んでいた人が、「いいえ、あなたは太陽を回る地球に暮らしているのですよ」と教えられ、「何を馬鹿な、突拍子もない」と思ったものの、説明を聞いていくうちにいろいろなことに辻褄が合い、「なるほどそうか」と納得する。その時のように、それまでの自分の思い込みが滑稽だったと赤裸々に分かるのです。

無常＝無我＝縁起は、わたしたちのあり方を三つの異なる角度から説いています。それぞれ別々の教えのように見えますが、同じ一つのことの三つの側面です。なので、わたしは、「無常＝無我＝縁起」というように、しばしば等号でひとつに結んで書いています。無常と無我と縁起とは、一体不可分な「ひとつのこと」なのです。

無常、無我、縁起のよくある誤解

仏教用語は本来の意味から拡散、逸脱しているものが多く、無常、無我、縁起も例にもれません。説明の前によくある誤解を取り除いておきましょう。

まず、釈尊の説く無常は、例えば平家物語が「諸行無常の響きあり」といったり、「驕れるものは久しからず」「盛者必滅」「栄枯盛衰」と言われるようなセンチメンタルな意味ではありません。どこか遠くの歴史の話ではなく、この「わたし」のことです。

では、「わたしは、やがて老いる、いつ病気になるかしれない、いつか必ず死ぬ」という教えでしょうか。出家前の釈尊が四門出遊で体験したことです。間違いではありません。しかし、これも核心の意味ではありません。「いつかやがて」ではなく、「今ここにおいて」わたしたちは、無常なのです。

無我については、「無我の境地」ということが言われます。芸術や武道、スポーツなどで高度に集中した状態のことです。「没我の境地」とも言われます。確かにそういう状況になることはあり、その場合、ああしてこうしてと段取りを考えて行っているのではなく、動きに没入して、いわば主客未分で自動的にことは行われます。「無我の境地」の集中力の高まりは、非常に優れたパフォーマンスを生み出します。それに対して、通常は、段取りを考えたり、あれこれと雑念が沸いており、その状態は、いってみれば「有我」の状態と捉えているのでしょう。しかし、釈尊の教えの無我はこういう意味ではありません。

もうひとつのすこし宗教的に聞こえる無我は、「我々凡夫は、執着の塊、欲の塊、我《が》の塊である。執着をなくし、欲をなくし、修行して無我にならなくてはいけない」というもの。つまり、我とは我欲のことで、「凡夫は我欲の塊だから有我である、それが無欲の状態、つまり無我になれたら仏」という考えです。分かりやすいかもしれませんが、これも釈尊のいう無我ではありません。

縁起については、よく「縁起がいい、悪い」ということを言います。また、お寺などが創建された由来も縁起と言われます。これらも釈尊の教えの縁起ではありません。

無常＝無我＝縁起とはどういうことか

釈尊の教えでは、わたしたちはいつも無常で無我で縁起です。欲にまみれている時も、人のために頑張っている時も、集中している時も、気が散っている時も、同じように無常であり無我であり縁起です。凡夫も、仏になってからも、最初からずっと無常＝無我＝縁起です。

だったら、凡夫と仏とは、なにが違うのか？

両者の違いはこうです。仏は、自分が無常＝無我＝縁起だと知っているのに対して、凡夫は無常＝無我＝縁起であるにもかかわらず、そのことが分かっていない。凡夫は、立派な自分が一貫して存在しており、みずから考え判断して行動している、と思い込んでいる。自分が存在すると妄想し、「あるべき本当の自分」を実現し守り育てようと執着し、無用な苦をつくっている。これが釈尊の発見です。

無我は、サンスクリット語ではアナートマン（パーリ語ではアナッタン）といい、アートマン（同、アッタン）の前に否定の接頭辞がついた言葉です。アートマンは、前にも触れたとおり、当時のインドで支配的であったバラモン教が想定した「真我」です。つまり、無我は、バラモン思想のアートマンの否定です。

アートマンは、単一常住でなにものにも依存せず、思うままにわたしの一切を主宰する存在である、と考えられました。バラモン教は、アートマンが、ブラフマン（梵）、すなわち、すべての概念を超越した宇宙の全体原理と一体であることを認識することによって、アートマンを、ブラフマン同様すべてを超越した、束縛されない本来の状態にすることができる、と考えました。これがバラモン教の目指すところの梵我一如であったわけです。

釈尊が無常＝無我＝縁起を発見するまでの道筋をもう一度振り返ってみましょう。

家を捨てる前の釈尊がバラモン教をどれほど学んでいたかは分かりません。しかし、少なくとも、常識として広く受け入れられていた、「アートマンを解放して本来のあり方に戻すのが覚り」という考え方を自然に共有していたことは間違いないでしょう。出家した釈尊は、アートマン（真の我）を追求して試行錯誤を開始します。まず二人の瞑想の師のもとで学びますが、ここで釈尊は冷静に客観的に自分を深く観察するための基礎を身につけたはずです。次に苦行に没頭しますが、それは、色身（肉体）という殻を打ち破ってその内奥に閉じ込められているはずのアートマンを解き放とうとしたのでしょう。

ところが、さまざまな苦行に徹底的に取り組んでみても、確固たるアートマンに触れるどころか、気絶したり、幻影を見たり、非常に不安定に動揺するばかりだと気づきました。アートマンの存在に対する疑問が芽生えたのです。

そこで、苦行を放擲《ほうてき》し、アートマンという前提を取り外して、もう一度自分を点検し、一から再検討してみた。その結果、「一貫して存在するアートマンなどもともと存在しない。「私」が確固として存在し、見聞きし、判断し、決断し、行動しているというのは、妄想でしかなかった。わたしは、そのつどそのつど出会うさまざまな縁、刺激によって起こされる、一貫性も脈絡もないそのつどの反応の断続なのだ、という空前絶後の気づきが生まれたのです。

「確固として存在し、見聞きし、判断し、決断し、行動している私などない」というのが無我です。

「わたしとは、縁によって起こされる反応である」というのが縁起です。

「わたしとは、一貫性も脈絡もないそのつどの反応の断続である」というのが無常です。

「一貫して確固として私がいる。存在する」というのは、人類の誰もが当然のこととして信じて疑わない強固な思い込み、妄想です。後で述べるように、人類以前からの動物進化の歴史に根差す、ある意味「自然な」ものの見方です。「我あり」の妄想は、自然であり、極めて根深いのです。二五〇〇年前にひとりきりの試行錯誤でその自然な思い込みの間違いに気づいた釈尊の鋭さには驚嘆せざるを得ません。

「我思う、故に我あり」も思い込み

いかがですか。無常＝無我＝縁起ということを理解していただけたでしょうか。

ここまでにも何度か説明してきたので、理屈としては分かる、という方もおられるのではないかと期待します。でも、やっぱり、「そうはいっても、俺はこうしてこれを読んで、頭をひねってる。そういう俺がいるじゃないか。なにわけの分からん話をしてるんだ」と、思っている人が大半でしょう。

あるいは、読者の中には、デカルトの「我思う、故に我あり」を思い起こした人もいるでしょう。

「デカルトの第一原理を否定するのか！」と。

デカルトは、方法的懐疑といって、すべての前提や思い込みを徹底して疑い、その検証に堪えた確実なものだけに基づいて考えるべきだ、との立場に立ちました。そして、なにをどれだけ疑っても、そうやって疑っている自分の存在だけは疑うことができない、と考えました。これが「我思う、故に我あり」です。これを第一原理とし、これに基づいて神の存在やさまざまなことを証明していきます。

しかし、「我思う、故に我あり」にも、実はすでに思い込みが潜り込んでいたのです。つまり、「行為がなされるなら、その行為を行う主体が先立って存在しなければならない」という思い込みです。確かにこれは、誰もがそう思う極めて自然な物事の捉え方です。毎日の生活でも便利に機能し、役立ってくれています。しかし、これは思い込みです。我々は言葉で考えますが、言葉も、我々の思い込みを引き継ぎ、主語が先にあって、その後に述語がある、という構造を持っています。まず主語となるなにかがあって、それがなにかをする、どうにかなる。そういう基本的な捉え方が根本にあります。

しかし、本当はそうではありません。述語部分、つまり「どうこうする」「どうこうなる」という現象が起こっているだけであって、そこに我々人間の側で主語となる主体を後付けでかぶせて考えているのです。

例えば、「風が吹く」とわたしたちは言います。でも、本当は、空気が動いたのであって、あらかじめ「風」という主語となるなにかが存在したわけではありません。「火が燃える」も同じです。木や紙が熱で分解され、炭素や水素になって酸素と結びつく現象であって、あらかじめ「火」が存在して、それが燃えるわけではありません。

静かな部屋で燃えるろうそくの炎は、揺らぐこともなく、そこにじっと存在するかのように見えます。しかしもちろん、炎は実体として存在するのではありません。ろうそくの炎は、気化したロウが次々と酸化されて熱や光が発散されていく場所です。酸化反応が起こり熱や光といった現象が発現しているだけで、そこにとどまって存在するものはなにもありません。反応した後の二酸化炭素や水蒸気は、まわりの空気に拡散していきます。

泉もそうです。岩の割れ目から水が湧き出してくる場所を我々が泉と呼ぶのであって、泉というなにかが独自に自立して存在するのではありません。もしそうなら、泉を持って運べることになります。

わたしたちも同様です。わたしたちの肉体（仏教用語では、色身《しきしん》）は、さまざまなものが通り抜けていく場所であり、その際にそこでさまざまな反応が起こります。体温の熱も反応のひとつだし、呼吸もそうです。人間は、ろうそくの炎よりもきわめて複雑な反応なので、多種多様な反応がわたしたちの色身で起こります。デカルトが考えたように考える反応もあれば、眠くなる反応、眠気をこらえる反応、その他、空腹、満腹、怒り、悲しみ、喜び、同情、嫉妬、努力、労働、学習、遊び、スポーツ……数え切れないさまざまな反応となります。それらそのつどばらばらの反応に、後付けで「私」というラベルをかぶせ、主語として設定して、一貫した「私」が存在すると思いなし、それに執着して苦をつくっているのです。

また、「私」があると思うこの反応は、いつも起こっているのではありません。自分という反応を振り返る反応が起こった時にはいつも、振り返った先に「私」がかぶせられるので、あたかも「私」がずっと存在し続けているように思ってしまうのです。

そして、振り返るのも、「私」があると思いなすのも、それに執着するのも、苦をつくるのも、やっぱり反応なのです。

だから、「私」がいて、それがものを読んだり、頭をひねったり、眠くなったりするのではありません。この肉体において、読んだり、頭をひねったり、眠くなったりという「こと」が起こっている。それが無常＝無我＝縁起ということです。

無我――「私」は妄想である

無常＝無我＝縁起というひらめきを得た釈尊は、じっくりと時間をかけ、その気づきをさまざまに検証します。

いま、右の文章を読んで、こう思った人がいることでしょう。

「やっぱり釈尊はいるんだろ。釈尊がいて、そしてひらめいたり検証したりするんだろ。

やっぱり主語はあるじゃないか」

そういう突っ込みを入れた人は多いと思います。言葉で説明すれば、そう書かざるを得ません。それは、言葉が、我々の自然な思い込み、つまり「主語となるべきなにかがまずあって、それがなにかをする、どうこうなる」という枠組みに基づいてでき上っているからです。

無常＝無我＝縁起にこだわって言葉を使おうとすれば不自然な言い回しにならざるを得ません。

あえて書けばこうです。

「無常＝無我＝縁起というひらめきが釈尊の肉体という場所において起こった。そのひらめきを検証したいという思いが起こり、検証の反応が起こった」

〈なんだ、起こった、起こったと言い換えているだけで、中身は同じじゃないか〉

確かにそうかもしれません。しかし、釈尊の色身こそ一定の持続性があるように思えますが、それとて刻々と新陳代謝をして入れ替わっています。肉体も、炎や泉と同様に、ものが通り抜けていく場所なのです。その場所でそのつど起こるさまざまな反応を一括して、釈尊と呼んでいるのです。釈尊の肉体に、釈尊と呼ぶべきなにかが宿っているのではありません。我々自身も同様です。

主体的に行動する一貫した自分が存在すると妄想してそれに執着するのと、わたしは縁によってそのつど一瞬一瞬に起こされては終わる刹那滅の反応だったのだと見極めることは、雲泥の違いです。無常＝無我＝縁起が自分のこととして腑に落ちて納得できた時、ありもしない私をあると思い込み、存在しない自分に執着してきた愚かさが痛感されるのですから。

確固たる自分があるはずと追求してきた釈尊は、それが愚かな妄想であったと気づき、一挙に霧が晴れ、長年の不毛な努力から解放されます。その喜びのまま、なにもせず、このまま死んでしまおうと、一旦は考えます。しかし、衆生のことも思い浮かびます。「立派な私があるはず」と妄想し、それに執着することで、競い争い、周りの人を苦しめ、互いに苦しめ合い、自分を苦しめている。そうやっておびただしい苦がまき散らされていることが赤裸々に見えます。

「なんと哀れなことか。しかし、無我などという常識をかけ離れたことを理解できる人は誰もいないだろう。教えても無駄なことだ」と一旦は思いながらも、「いや、わずかなりともいるかもしれない。救えるなら救わねば」と考え直し、ついに説法を開始します。

無常＝無我＝縁起を自分のこととして納得し、執着が鎮まった結果、慈悲の思いがむくむくと膨らんできたのです。自分に価値を与えるとか、なにかのためではなく、純粋に人々を苦から救いたいという思いで、釈尊は説法を開始し、さまざまに工夫を凝らして人々を教え導きます。

無我について、いくつか経典に残された釈尊の言葉を挙げておきましょう。

◉自身を実在とみなす見解と疑いと外面的な戒律・誓いという三つのことがらが少しでも存在するならば、かれが知見を成就するとともに、それらは捨てられてしまう。

（中村元訳『ブッダのことば　スッタニパータ』岩波文庫、一九八四年）

◉生存を構成する要素のうちに堅固な実体を見出さず……（同右書）

◉自己によって自己を観じて（それを）認めることなく……（同右書）

◉〈われは考えて、有る〉という〈迷わせる不当な思惟〉の根本をすべて制止せよ。

……自己を妄想せずにおれ。（同右書）

◉人々は自我観念にたより、また他人という観念にとらわれている。……ところがこれを、人々が執着しこだわっている矢であるとあらかじめ見た人は、「われが為す」という観念に害されることもないし、「他人が為す」という観念に害されることもない。（中村元訳『ブッダの真理のことば、感興のことば』岩波文庫、一九七八年）

◉「おれがいるのだ」という慢心をおさえよ。（同右書）

◉〈自身ありという見解〉を捨て去るために、修行僧は気をつけながら遍歴すべきである。（中村元訳『ブッダ神々との対話　サンユッタ・ニカーヤ』岩波文庫、一九八六年）

四つ目に挙げたのは、解釈が難しいそうですが、中村博士の読みが正しいとすると、まさにデカルト批判として受け止めることができます。

仏教学的な課題――釈尊の覚りは曖昧模糊たるもの?

さて、今あげたように、無我を説く言葉は経典にたくさん残されています。ところが、成道《じょうどう》(修行の末に、それまでの思い込みの間違いが明白になり、自身の実存的課題が解決されること―筆者註)の際、釈尊はなにを覚ったのか、いいかえれば、釈尊はなにを覚って仏になったのかについては、わたしが書いたほど明確に踏み込んでは書かれていないのです。中村元博士は、多くの仏教典籍を比較、参照した上で、釈尊の覚りは曖昧模糊たるものだった、と言っています(中村元選集[決定版]第一一集『ゴータマ・ブッダI』春秋社、一九九二年)。

しかし、曖昧模糊とはあんまりです。わたしは、釈尊は成道の際に無常=無我=縁起を発見したと考えます。では、なぜ経典は、覚りの内容を無常=無我=縁起として明確に記述していないのか。

わたしの想像を挙げます。

1、無常=無我=縁起は、自然な常識と相容れず、極めて納得しがたい教えで、理解できる人は非常に少なかった（釈尊から直接教えられた弟子でさえ理解できなかった者もいる。例：パーリ仏典中部第三八大愛尽経のサーティ比丘〈一八七頁参照〉）。

2、それ故、理解がだんだんと深まるように、釈尊は、相手に応じ状況に応じていろいろと異なった工夫をして説明した（対機説法）。それらの教えの断片を単純に羅列すれば、一見すると体系性が感じられず統一がないように見える。

3、経典は、釈尊の教えの記録というより、「如是我聞（このようにわたしは聞いた）」という弟子たちの理解の記録であって、釈尊の教えそのものの記録ではない。

4、長老たちの理解は、当初文字にされることなく、約五百年にわたって口伝で伝承された。その間、悪意による改変はなかったとしても、記憶違いや勘違いの混入がゼロだったとは言い切れない。また、理解しがたい内容をなんとか理解させるため、長老なりの親切心からさまざまな工夫（比喩や補足）も加えられたはず。

5、付加された説明が、意図せざる解釈を生み、伝承の間にそれが拡大することもあった。

以上のような理由が想像されます。

要するに、ミーム（情報や思想）として展開拡散はしたけれど、釈尊の教えからは逸脱していった、ということです。

だとすると、伝えられた経典にはさまざまな後からの混ざりものが含まれ、逆に失われたものもあったかもしれません。そこから釈尊の本来の教えを抽出することは極めて難しいことになります。

研究者の方々は、アジア各地のさまざまなグループに伝えられた典籍を突き合わせ、比較検討して、より古いかたちはどうだったのか探る努力を続けています。しかし、文献学がどれだけ頑張っても、文字にされる以前の口伝えで受け継がれた期間のことは、調べようがありません。仏教以外の文献や遺蹟、遺物との突き合わせも行われていますが、材料はそれほど多くなく、釈尊の教えが本当はどうであったのかは、深い霧のかなたです。

霧の中なのに、無常＝無我＝縁起が核心だと何故言えるのでしょうか。

わたしは、以下のような考え方で、釈尊の本当の教えをある程度抽出できるのでは、と考えてきました。

受け継がれる教えが増えていったとすれば、それはその当時の常識や別のグループの教えが混入したと考えるのが自然でしょう。梵我一如思想がその典型です。であれば、逆に、

「仏教」として今に伝えられているところから、ほかにないユニークな教えを取り出せば、少なくともそれは釈尊の教えだと考えて間違いはないのではないでしょうか。

そう考えれば、無常＝無我＝縁起こそ、釈尊以外の誰も気づくことのできなかった空前絶後の発見です。そして、今に伝わる「仏教」のうち、無常＝無我＝縁起と矛盾なく体系的に一体化できるものは、釈尊の教えだと理解してもいいのではないか、と考えています。

そういいながら、実は、縁起については釈尊の直説かどうか、若干の疑念もあります。仏教と仏教でないものを見分ける旗印と言われる四法印（一切皆苦・諸行無常・諸法無我・涅槃寂静の四つの教え）に縁起は含まれていません。縁起という語（サンスクリット：pratItya-samutpAda／パーリ：paTicca-samuppAda）もいかにもこなれていない造語のように思えます。釈尊よりも弟子のサーリプッタ（舎利弗、舎利子）との関係が深い、とも言われてきました（例えば「縁《えん》起《ぎ》法頌《ほうじゅ》」のエピソード〈註1〉）。

しかし、だとしても、サーリプッタは釈尊より先に亡くなっていますし、もし縁起が釈尊の考えに合わないのであれば、教えとして残ることはなかったでしょう。サーリプッタは、智慧第一として皆から一目おかれ、弟子の筆頭ともいうべき人でした。縁起がサーリブッタの着眼であったとしても、釈尊も承認していたはずです。そもそも釈尊が最初に説いた四諦（苦、集、滅、道）が、苦は原因があって生まれ、原因を滅すればなくなる、という教えであり、縁起の発想です。

釈尊は、一般化した抽象的な概念として縁起という用語は使わなかったかもしれません。しかし、「わたし」という現象を要素に分け、どの要素によってどの要素が起こされるか、繰り返し説いています。つまり、「わたし」という反応が立ち上がってくる具体的なプロセスとして縁起を説明したのです。

「……快と不快とは、感官による接触にもとづいて起こる。感官による接触が存在しないときには、これらのものも起こらない。生起と消滅ということの意義と、それの起こるもととなっているもの（感官による接触）を、われは汝に告げる」（中村元訳『ブッダのことば　スッタニパータ』所収「第四　八つの詩句の章八七〇」岩波文庫、一九八四年）

「……名称と形態とに依って感官による接触が起こる。諸々の所有欲は欲求を縁として起こる。欲求がないときには、〈わがもの〉という我執も存在しない。形態が消滅したときには〈感官による接触〉ははたらかない」（同右書八七二）

このように「AによってBが起こる。AがなければBは起こらない」という形で、「わたし」という現象がさまざまな経過の中のさまざまな段階でどのようなプロセスをたどるのか、釈尊は繰り返し説明しました。縁起として自分を見るという立場は、釈尊に明確にあったたし、縁起は、苦行の時期も含めて、自己観察を徹底する中で発見し確認した事実でありました。

また、無我の教えで主宰者アートマン（真我）を取り除くだけでは、なぜわたしたちはいろいろな行いをするのか、説明できません。アートマンの意志によってではなく、縁起による反応としてわれわれの行いは起こる。つまり、無我の教えは縁起の教えと一体なのです。無我と縁起、そして、「わたし」という反応は断続的にそのつどさまざまに脈絡なく発生する、と説く無常は、「わたし」という現象を三つの異なる角度から説明しています。

十二支縁起《じゅうにしえんぎ》について――「先に我あり」は人類共通の妄想

縁起といえば、十二支縁起が最も有名です。釈尊の成道についても「十二支縁起を覚って仏になった」というのが仏教の伝統的な理解です。「序論　ブッダ（釈尊）が発見したこと」では、律蔵（教団のルールをまとめた仏教典籍）にそのように書かれていることを紹介しました（三三頁参照）。しかし、わたしは、十二支縁起には問題があると考えています。「識」が置かれている位置が前すぎるのです。

さきほど紹介したように、釈尊は、さまざまな場面で弟子たちの質問に答えて、わたしたちのさまざまな反応がどういう反応を縁として起こるのか教えました。それらは当初、質問に答え状況に応じた断片であったものが、弟子たちによって、反応から反応へ、さらに次の反応へ、という連鎖としてつなげられていきます。「有支縁起《ゆうしえんぎ》」と呼ばれるもので、支の数もさまざまな形が経典には残されています。それらの中で特に有名なのが十二支縁起です。律蔵には、成道の際に釈尊が十二支縁起を覚った様子が詳しく記述されています。しかし、十二支縁起は、いくつもの有支縁起説がさまざまに試行錯誤された最終の完成形ですから、釈尊の覚りの内容であったはずはありません。

十二支縁起説は、以下のように十二の支（わたしたちという反応の連鎖する要素）が順に縁起して（一二枚のドミノが次々に倒れて）、わたしたちという反応が起こっている、と説明します。

無明《むみょう》↓行《ぎょう》↓識《しき》↓名色《みょうしき》↓六処《ろくしょ》↓触《そく》↓受《じゅ》↓愛《あい》↓取《しゅ》↓有《う》↓生《しょう》↓老死《ろうし》

さて、さきほど、釈尊から直接教えられても理解できない弟子もいたという事例として、パーリ仏典中部第三八大愛尽経のサーティ比丘を挙げました。サーティ比丘は、どんな誤解をしたのでしょうか。

私は世尊（釈尊への敬称のひとつ―筆者註）がこのように法を説かれたと理解いたします。すなわち、〈この識は流転し、輪廻し、同一不変である〉……それ（その識）は語るもの、感受するものであり、それぞれの処においてもろもろの善悪業の果報を受けるものです。（片山一良訳『パーリ仏典　中部〈マッジマ・ニカーヤ〉根本五十経篇

Ⅱ』大蔵出版、一九九八年）

つまり、サーティは、識をアートマンの代用品のように考えてしまったのです。それに対して釈尊は、

愚人よ、私は多くの根拠をもって、縁より生じる識について述べてきたではありませんか。〈縁がなければ、識の生起はない〉と。（同右書）

と厳しく叱責します。その後にはこのような説明があります。

比丘たちよ、それぞれの縁によって識が生起すれば、それはそれぞれによって呼ばれます。

眼ともろもろの色によって識が生起すれば、それは眼識と呼ばれます。（同右書。同様に、耳ともろもろの声―耳識。鼻ともろもろの香―鼻識。舌ともろもろの味―舌識。身ともろもろの触れられるもの―身識。意ともろもろの法―意識、という説明

が続く――筆者註）

つまり、感覚器官とその対象によって識は起こされる、と言っています。識は、感覚器官とそこへの刺激によって、それらの後にそのつど生じるのです。

ところが、この経典をさらに読み進めると、突如、十二支縁起が説かれます。十二支縁起は、先ほど示した順番のとおり、感覚器官やその対象よりも「識」が先にあって、名色（観念的対象および物質的対象）を志向し、六種類の感覚が起動され、対象に接触して、好悪の感覚が生まれる、という流れを主張しています。サーティ比丘の「先に識があって、それが感受する」という誤解と同じです。一つの経典のなかで、矛盾があります。

十二支縁起は、有支縁起の完成された形です。文献学的に立証する力はわたしにはありませんが、内容的に考えれば、サーティ比丘の事件が経として言い伝えられていくうちにどこかの時点で、定説として完成された十二支縁起が後からここに挿入された、と考えられます。話の展開から見ても、無理やり押し込まれたような唐突な印象を受けます。「縁がなければ、識の生起はない」という、釈尊のサーティに対する叱責や、それを具体的に解説する「感覚器官とその対象を縁として識は起こされる」という説明の方が、釈尊本来の無常＝無我＝縁起の考えに沿っています。十二支縁起は、釈尊を離れデカルトの「我思う、ゆえに我あり」に近づいています。仏教の正統においてさえそれが定説になるほど、「感受する主体の我が先にある」という先入見は、ナチュラルで根深いのかと感じざるを得ません。

脳科学の視点から「無常＝無我＝縁起」を考えてみる

「経典や理屈をいくらならべられても、自分が無常＝無我＝縁起だという実感は持てない」読者はそう感じているのではないかと思います。それは当然です。自分が存在するという思い込みは、人類が進化の過程で身に着けた自然な考えの枠組みです。天動説と同じで、それを前提にして日々を過ごしても格別の不都合はありません。それどころか、目先の損をしないすばやい反応を可能にしてくれます。しかし、すこし離れて眺めれば、この思い込みが執着を生み、苦をつくっているのです。

仏教にあまり親しんでいない人にも無常＝無我＝縁起を納得してもらえそうな事例をいくつか挙げましょう。

ひとつは、日常の立ち居振る舞いは、「私」が決定して行っているのではなく、自動的に行われているという気づきです。

前にも触れましたが、ヴィパッサナー瞑想に、すべての振る舞いを意識しながらゆっくりと行う、というのがあります。すでに書いたとおり、歩く瞑想で「さあ、ではこれから歩き出します。まず右足を」と思った時には、まだ身体はなにも動かしたつもりはないのに、すでに体重は左足に移動していました。引き戸の前に来て「では、引き戸に手をかけます」と考えた時には、垂らした手の片方の手首がすでに一八〇度ひねられていて、持ち上げれば指がかかる準備ができていました。「私」がどうこうしようと決めなくても、身体は自動的に態勢を整えていたのです。読者のみなさんも、ナマケモノの動きのごとくゆっくりと、本当に真剣にすべての行為をひとつひとつ自覚した上で行おうと決心して試みれば、確認できます。

自動車の運転中に、音楽に合わせてリズムをとり、缶コーヒーをすすり、頭を掻き、ちらっとサイドミラーを見て、ウインカーを出し、車線変更するのも、自覚的ではなく、自動的に行われています。初心者は「まずこうして、それからあれをして」と考えながら運転するから、ぎこちないのです。わたしたちの振る舞いの大半は、「私」の関与のないまま、ほぼ自動的に行われているのです。

もう少し高度なことが自動的に行われた経験もあります。夏休み中のケンブリッジ大学を借りて開かれた英会話スクールに会社からの研修で派遣されたのですが、放課後や休日は学内を流れるケム川を細長い小舟（punt）を竿で操り、クラスの仲間とパブにでかけました。ある時、カレッジの寮のほとりまで戻って舟から上がったけれど、上流側のロープを誰も結んでおらず、舳先が流され岸から離れていきました。みんなが「あー」とみている中、わたしは舟に飛び乗り、二、三歩進みながら、自分が一体何をしようとしているのか、いぶかしく思いましたが、舟に寝かしてあった竿に手が伸びて、ようやく自分がやろうとしていることに気づきました。岸辺の仲間に竿を伸ばしてつかんでもらい、舟を岸に引き戻したのです。一、二秒の間、自分で理解しないまま、体は目的をもって数メートル移動していました。この時の印象はかなり鮮烈で、人間は自覚のないままでかなりなことを考えるのだと思いました。

難題に長年取り組んでいる数学者や科学者が、湯船の中やテニスをしている時に突然なにかが閃き、いそいでデスクで数式を連ねてみると解けていた、という逸話も耳にします。きわめて高度なことも、「私」が自力で解決法を編み出すのではなく、業縁によって訪れるのです。苦行は無益だと気づいた時の釈尊も、おそらくこうだったのではないかと思います。

もっと分かりやすい例は、すでに記した座禅中の瞑想です。数息観に徹しようとどれだけ固く誓っても、瞬く間に妄想の糸が紡ぎ出て、いつなにがきっかけで始まったのかも思い出せません。自分を完璧に支配するアートマンがいるならば、このような情けないことにはならないはずです。

盲点を使った興味深い実験もできます。

一〇センチほど離して小さな目印をふたつ横に並べ、左（右）眼で右（左）側の印を見ながら距離を調整すると、もうひとつの印が消えるという、おなじみの実験です。ただし、消えると言っても、透明になるわけでも暗い穴になるわけでもありません。まわりの色や質感で埋められるのです。

ここからが面白いのですが、赤や青といったくっきりした色の太い線を、盲点で消える目印の上と下、あるいは斜めでもかまいませんが、引いて行う実験です。色紙を一センチくらいの幅に切ってテープを二本つくり、それを目印のところに間隔をあけて、一直線に並べるというやり方が便利です。それで盲点の実験をするとどうでしょう。目印が消えるだけでなく、そこで途切れている線がつながってくるのです。盲点を挟んでくっきりとした線があれば、それはつながっているはずだと、自動的に補正された情報が届けられるのです。隙間をあけてテープを並べたのはこのわたしであるにもかかわらず……。

「こら！　さしでがましい真似はやめろ。そこが途切れていることは俺が一番よく知っているぞ！」——そんなふうにいくら力んでも無駄です。無意識下のドミノたちは、まじめに任務をこなし、盲点で消えた情報を律儀におぎなって、「盲点を挟んでくっきりとした直線があれば、それはつながっているはず」と勝手に慮って、加工した情報を届けてくれます。「わたし」は、あれこれ采配を振るって指図する能動的存在ではなく、小さなドミノたちの連鎖反応によって自動的に下拵えされた情報を渡される受動的現象（小さなドミノの一つ）なのです（ラマチャンドラン、サンドラ・ブレイクスリー著、山下篤子訳『脳の中の幽霊』〈角川書店、一九九七年〉を参照）。

左目で右側の印を見ながら、盲点を左の印に合わせてください。
本を上下ひっくり返せば、右の目でも実験できます。

脳科学においても、無常＝無我＝縁起は追認されています。例えば、ベンジャミン・リベットという研究者は、脳外科手術を受ける患者さんの了解をもらい、さまざまな実験をしました。その結果分かったのは、ひとつには、脳の感覚野に〇・五秒以上継続する刺激を受けることで、感受したという意識が生まれる、ということです（詳細は、ベンジャミン・リベット著・下條信輔訳『マインド・タイム　脳と意識の時間』〈岩波書店、二〇〇五年〉を参照）。これはまさに、「感覚器官とその対象によって（その後で）識が生じる」という大愛尽経が教えるところと一致します。

またリベットは、感受したという意識は、感受に必要だった〇・五秒を主観的にさかのぼって意識されることも発見しました。

具体的な例で説明すれば、自動車を運転していて、子どもが飛び出してきたとします。その一五〇ミリ秒後にブレーキは無意識下に働く下位システムによって自動的に意図されずに踏まれ（無心の反応）、さらにその三五〇ミリ秒（合計〇・五秒）後にやっと運転者は子どもに気づきます。しかし、その気づきは主観的にはさかのぼって意識され、「私が子どもの飛び出しに気づき、それで危ないと判断してブレーキを踏んだ」というように受け止めることになります。「立派な自分がいて万事を判断し命じている」と思い込む背景には、この主観的さかのぼりもあるのでしょう。

さらに興味深いのは、わたしたちが「自発的に」なにかをする時、それを行おうと自覚的に意図するのは、行為が始まる一五〇～二〇〇ミリ秒前なのですが、さらにその四〇〇ミリ秒も前にそのプロセスはスタートしている（脳内信号が検知できる）、というのです。つまり、わたしたちの「自覚的決断」は、本当は自由意志によってゼロから始める自発的なものではなく、どこかのサブシステムから始まった信号（ドミノ）の連鎖によって起こされる反応ということになります。

例えるなら、駅のホームから出ていく列車の後ろ姿を見て発車の命令を出す駅長のようなものです。去っていく列車を見送りながら「よし、俺の命令のとおりに出発した」と自己満足している飾り物の駅長です。「さるべき業縁」（親鸞の言葉）によって起こされたふるまいを、後追いして「俺が決断して自力で始めた行為である」と威張っているのです（小論「ベンジャミン・リベット『マインド・タイム』を読んで」〈http://mujou-muga-engi.com/shouron/libet/〉もご一読を）。

比喩が誤解を生まないように念のために言い添えると、もちろんこのような駅長が存在するわけではありません。このような駅長が存在すると思うことが、「私は存在する」という妄想です。ほとんどの振る舞いは、自覚なしに自動的に起こされていきます。「私が意図して実行した」と思う反応は、稀に起こるだけです。「自分」を振り返る反応が起こった時だけ、ホログラムの立体映像のように「自分」の姿が浮かびあがります。振り返るたびに浮かび上がっているので、常住の「私」が存在すると妄想するのです。重ねて念を押すと、振り返ったり、妄想したりする主体を妄想してはいけません。それは、駅長を妄想する妄想の駅長です。反応は主なしに起こるのです。

ところで、リベットのこの発見は、困った問題を提起します。行為が主体的な決断によるのではなく、どこか出所不明の反応の連鎖がもたらす結果であって、「主体的決断」が後からの錯覚に過ぎないのなら、行為者に行為の責任を問えるのでしょうか。

リベット自身もこれには困惑したらしく、本の終盤では「行為に至るプロセスは、自覚的決断に先立って始まるが、行為に至る前に主体的、自覚的にそのプロセスを中止することはできる」と書いています。「行為をやめることは可能なのだから、行ったことの責任を問うことはできる」というわけです。しかし、わたしには、この主張は責任の問題を回避するための窮余の策のように感じられ、リベットのこだわる科学的実証性がこの部分だけ乏しいように感じました。

実は、この原稿をいったん書き上げた時、とある尊敬する先生に読んでいただきました。科学技術が世の中にもたらす害悪について鋭い批判をしておられる方です。「科学技術を利用しようとする根本動機が執着だから苦をつくる」というわたしの見解に賛同していただけるかと思ったのです。ところが、先生の返信は、思いがけないもので、責任に関してでした。「無常＝無我＝縁起でふるまいが業縁の結果であるのなら、責任の追及ができなくなる。例えば、原発の予見できた危険を無視して建設を推し進めた結果、大きな被害を与えた電力会社役員や御用学者などは、厳しく糾弾されなければならない。無常＝無我＝縁起だとして不問にすることはできない」というご意見でした。ご自身の責任にも厳しく対処してこられた先生らしい筋の通し方です。

責任の問題については、また後で考えることにします（二一三頁参照）。

他の脳科学の知見としては、すでに言及したアントニオ・ダマシオの『無意識の脳　自己意識の脳』（田中三彦訳、講談社、二〇〇三年）も、大変興味深く読みました。脳に損傷のある多くの患者さんの事例から、脳のどの部位が傷ついてどういう機能が損なわれるとほかのどの機能に影響が及ぶのか、詳細に論じています。身体を土台にして、その上に多くの機能が順に積み重なり、最終段階で高次脳機能や言語が実現される。いうなれば、現代版の有支縁起説であり、「わたし」という反応がどういう縁起の連鎖で起こっているか分析しています。

識などの高次機能は、やはり最終段階に起こされるのであって、早い段階に「識」を位置づける「先に識あり」の十二支縁起は、ダマシオの研究とは一致しません。

実は、わたしは、十二支縁起よりも五蘊《ごうん》【色→受→想→行→識】の方が、色（肉体）から識（対象識別機能）に至る段階的連鎖を説明する有支縁起説として正しく実態をつかんでいるのではないかと考えています。普通、五蘊は、人間の五つの機能の単なる羅列と考えられていますが、わたしは、時系列の連鎖として捉えたいのです。

肉体【色】にさまざまな刺激（縁）を受けて【受】、身体内部に好悪などさまざまな興奮反応が生まれ【想】、行為という外に現れる身体の反応が起こり【行】、最後に対象が識別される【識】。

行動が対象識別より先だというのは、リベットの発見（飛び出してきた子どもにブレーキを踏む運転者を例にして述べたこと）と一致していて、おもしろいと思います。

五蘊を縁起として解釈する説はほとんど聞きませんが、ダマシオの見解ともおおむね一致すると思います（ダマシオの議論は非常に緻密なので、詳細は上記を読んでください。小論「ダマシオ『無意識の脳　自己意識の脳』を読んで」〈http://mujou-muga-engi.com/shouron/damasio/〉もご一読いただければ幸甚—筆者註）。

ところで、無常＝無我＝縁起が納得できれば執着の愚かさが痛感されると、わたしは何度も言ってきました。では、脳科学者たちは、無常＝無我＝縁起を理解して、執着を鎮め、仏になったのでしょうか。

リベットやダマシオと面識はないので断定はできませんが、残念ながら恐らくそうではないでしょう。なぜなら、脳科学者は、人類一般の脳や意識の仕組みを知識として解明しても、それを自分のこととしては納得していないからです。

ところが、ひとり例外の興味深い科学者がいます。ジル・ボルト・テイラーという神経解剖学者で、自分自身の左脳の言語野などで脳卒中が起こります。自分の脳での発作ですから、その時のさまざまな症状をまさに自分のこととして体験するほかはありませんでした。そして、左脳が機能を停止している間、右脳だけで世界に接すると、自分自身も含めて個物を対象として世界から切り出す作用がなくなり、過去も未来もなく、今ここにおいてすべてが流れ溶け合い、なにもかもが調和した、えも言われぬ平安に浸ったのだそうです。「わたしというものが自分の想像の産物にすぎなかったなんて！」というのは、自分が無我であったことを発見した驚きの表明でありましょう。彼女自身その状況を仏教用語であるニルバーナ（涅槃）と表現しています（ジル・ボルト・テイラー著、竹内薫訳『奇跡の脳　脳科学者の脳が壊れたとき』新潮文庫、二〇一二年）。

ところが、無事手術を終えてリハビリに励み、左脳が機能を回復してくると、時間の中でものごとの段取りをコントロールせねばという思いと怒りや敵対の感情が頻発し、せっかくの満ち足りた平安が破られるようになってしまいます。そこで、そういう反応が起きると、言葉で左脳に言い聞かせ行き過ぎた反応を抑え込む、ということを書いています。言語によって言語をつかさどる左脳を制御するというのは、なかなか興味深いと感じます。これはまさに戒の実践です。

「テーリーガーター」（女性出家修行者の言葉を集めた上座部の経典。日本語訳は中村元訳『尼僧の告白』岩波文庫、一九八二年）に現代版として加えてもいいのではないか、と思ったほど、釈尊の教えに近接しています。

彼女の報告から想像すると、執着の反応は、言語とともに左脳で起こっているのかもしれません。執着も言葉も、世界から対象を切り出さねば生まれないものであり、おそらくそれは左脳の機能なのでしょう（小論「ジル・ボルト・テイラー『奇跡の脳』釈尊の教えと右脳・左脳」〈http://mujou-muga-engi.com/shouron/stroke/〉も参照ください）。

「我執＝先に我あり」の起源

無常＝無我＝縁起を傍証する事例をいくつかあげました。なるほどと思ってもらえたでしょうか。「我あり」は自然に培われた人類共通の妄想ですから、それを正そうとする無常＝無我＝縁起は、そう簡単には受け入れることはできないでしょう。しかし、「そういう見方もできるのかなぁ」といった形でも徐々に広がっていけばうれしく思います。

さてでは、自分を常住の実体的存在として捉えてしまうのはなぜなのでしょうか。それを考えるためには、さまざまな現象を存在として実体視してしまう理由をまず考えてみなければなりません。その上で、自分という、自分にとって特別な現象を実体視して、我執が生まれるに至る道筋を推察してみましょう。

わたしは、動物進化の過程からこれらの反応は生じたと考えています。全く不十分な仮説ですが、批判をいただいて欠陥を訂正、補強できればうれしいので、ご意見をお聞かせください。

右脳だけで感受する世界は、ジル・ボルト・テイラーが言うように、沸き上がり流れ溶け合う現象の世界なのでしょう。そこに左脳が輪郭線を入れて、さまざまな対象をつくりだして切り出し、それを存在として固定して捉え（自分もそのうちのひとつ）、あまつさえそれに執着して争うようになってしまう。それはどういうプロセスなのでしょうか。

現象を存在として捉える上で重要な役割を果たしているのは、条件反射だと考えています。

条件反射が確認されているのは、魚類以降の脊椎動物、軟体動物、昆虫など節足動物といったかなり進化の進んだ動物で、いずれも眼を備えていることは面白いと思います。

外界の映像を単に眺めただけでは、ジル・ボルト・テイラーが言うとおり、さまざまな色と明るさのまだら模様が流れ交わっているだけです。そこから利害にかかわる事象を切り出すのが条件反射だと思います。経験を重ねることで条件に合うものを検出できるようになる条件反射の仕組みがあって、初めて眼は機能するのでしょう。

条件反射ができない動物（たとえばヒトデ）では、おそらく、なんであれ何かを対象として捉えるということは行われていないと思います。五蘊でいえば、色・受・想・行までで、まだ識は成立していない。エサを個別の対象として捉えてはおらず、ただ匂いのもととなる化学物質に縁を受け反応して動いているはずです。ダマシオが言及していた欠神自動症の事例でもコーヒーを啜る反応はありました（一五七頁参照）。ヒトデは、言うなれば欠神自動症の状態で生きていると言えるのかもしれません。認識がまだ成立してない状態で、エサの発する匂いが感覚器を刺激し身体が興奮状態になり縁起のドミノが倒れ、摂餌行動にスイッチが入ります。このプロセスは種ごとにＤＮＡによって生得的に決まっており、刺激と反応が一本につながった反応です。

それに対して、条件反射の場合は、刺激と反応とはもともとは直結していません。経験を重ねることで、ある種の事象が利害にかかわる別の重大な事象（例えば食べ物や天敵）に関連することが個体ごとに学習され、重大な事象を予告する前触れとして捉えられるようになります。いわばフライングでふさわしい反応が立ち上がるのです。条件反射によって、状況を先取りした素早い対応が可能になります。

条件反射の、利害にかかわる事象を予告する現象を、流れ交わる世界から検出する、という機能が、現象を存在として把握させることにつながっていると考えます。

池のコイを考えてみましょう。

手をたたく音を聞けば、経験によってエサを期待して、エサを撒く前から大変な勢いで集まってきます。

しかし、手をたたく音は人によってさまざまに異なります。子どもの手、大人の手、冬ならば手袋をしたままの人もいるかもしれません。拍子の取り方も違う。それでもコイたちは同じようにエサをもらおうと押し寄せてきます。

つまり、コイたちにとっては、エサを予告する音であるかどうかだけが重要で、子どもの手か、大人の手か、手袋をした手かは関係ありません。エサを予告する音というカテゴリーが重要なのであって、そのつどの音の一回的な違いを聞き分けてそれにこだわれば、エサを獲得する上でかえって不利になります。

条件反射とは、条件となる現象のそのつど一回的な違いを捨象して、カテゴリーで捉える仕組みなのです。カテゴリーに当てはまるかどうかだけが重要であって、カテゴリーの中のひとつの現象と別の現象の間の違いは切り捨てられます。つまり、条件反射のカテゴリーとは、個別性も一回性も削ぎ落された、のっぺりして無時間的な、言うなればプラトンの永遠のイデア[註2]なのです。カテゴリーにあてはまる現象は、それぞれの特徴を奪われ、ただカテゴリーに応じた反応（情動）のスイッチを押す役割だけを与えられます。現象は、同じカテゴリーのほかの現象と区別のないのっぺりとした無時間的な「いつも」として捉えられることになります。

カテゴリーはのっぺりしているのに、カテゴリーがスイッチを入れる情動は、利害に直結する生々しいものです。クオリア（わたしたちが主観において感じているものごとの質感）に関して、捉えどころのなさと生々しさとがよく議論されますが、それはこの条件反射のカテゴリーの特徴に起因すると思います。

条件反射の無時間的な常住のカテゴリーが、流れ交わり変化する世界から、利害にかかわる現象を検出し、それに対応した情動を引き起こします。現象が利害にかかわるカテゴリーに該当し続ける限り、そのカテゴリーは動物個体にふさわしい反応を起こさせ、注意は継続的に現象に引き付けられます。現象がそのカテゴリーから外れれば注意は向けられなくなるし、あるいはもっと重大なカテゴリーの現象が発生すれば、注意はそちらに移ります。要するに、注意が向けられている間は、現象はずっとそのカテゴリーとして「存在」しており、これが一回的な現象を常住の存在として捉えることの背景だと思います。

また、注意は動物個体の側から主体的に対象に向けられるのではなく、条件反射の仕組みが該当カテゴリーによって起動され、そこに注意が受動的に引き付けられるのです。従って、カテゴリーに属する事象が、それを感知するより常に先に起こっています。このことが、現象の実体視とあいまって、言葉の「先に主語あり」という構造を導き出していると思います。

ここで少し言葉についても考えておきましょう。

言葉（名詞）の由来をたどれば、もともとはこの条件反射のカテゴリーにつけられた指標でありましょう。それゆえ、言葉は、カテゴリーの輪郭線に沿って内と外を分けるだけであって、カテゴリーの内側がなんであるのかその本質を語ることはできません。

また、条件反射のカテゴリーは、本来、エサや天敵など利害にかかわるものにしか形成されません。従って、それを引き継ぐ言葉においても、利害にかかわらないものは名づけられることはありません。たとえば、特別な薬草でも効能がみつかるまでは十把一絡げに「草」と呼ばれるだけです。「人」としてしか認識していなかった人と特別なかかわりができると、やっと名前で呼ぶようになります。生活が複雑化し利害の対象が多様化するにつれ、カテゴリーは細分化され、名詞の数は増えていきます。

条件反射のカテゴリーは、もともとは喜びや恐怖などの情動をもたらすものにだけ形成されるものでした。従って、それに由来する名詞にも、カテゴリーが引き起こすなんらかの情動が濃淡の違いこそあれ、染みついています。人間の暮らしが動物とは比べ物にならないほど複雑になるにつれ、操る必要のあるカテゴリーも膨大になり、それにあわせて名詞の数もふえました。その結果、多くの名詞は、もはや強烈な情動とは結び付いていないように感じられます。それでも、すべての名詞は、かすかであってもなんらかの情動を宿しています。詩を代表とする文学の味わいは、言葉がかもしだす情動を巧みに生かすところから生まれるのでしょう。

言葉の誕生と発達は、流動する現象世界から切り出したカテゴリーを凝固させ、カテゴリーを実体視して対象化し、駒として操作、シミュレーションすることを可能にしました。さらにそれが周りの人々に共有され、年少世代に引き継がれていくことで、現象の実体視は一層強固になっていきます。

我執の生成・拡大のメカニズム

さてでは、一番肝心な我執について考えねばなりません。我執の前提として、本来そのつどの現象である自分が、存在として実体視されています。実体視されるためには、対象として現象世界から切り出されていなければなりません。自分という反応も、この色身（肉体）という場所で起こっている反応というカテゴリーで世界から切り出すことはできるはずです。ところが、自分を対象として捉えることは、エサや天敵よりもかなりむずかしいようです。動物生態学の実験によれば、鏡に映った自分を自分として捉えることができるのは、類人猿ほか一部に限られ、それも個体によってできるものとできないものがいるそうです（レスリー・J・ロジャース著、長野敬・赤松真紀訳『意識する動物たち』青土社、一九九九年）。

自分をカテゴリーで捉えることとは、エサや天敵ほどには、差し迫った利害と直接関連しないのかもしれません。

では、人間の場合は、どうしてそれができるのでしょう。多分、発達心理学などを学べばさまざまな研究があるのでしょうが、素人なりに考えると、やはり、人間は、圧倒的に未成熟な状態で生まれ、親をはじめとする大人たちに世話をされて育つという点が、重要な効果を及ぼしていると思います。

赤ちゃんの成長を考えると、赤ちゃんが最初に獲得する条件反射は何でしょうか。おっぱいをくれようとして抱きかかえてくれるおかあさんの匂いかもしれません。そして、おかあさんの声。目が見えるようになれば、おかあさんの顔や姿も見分けられるようになるでしょう。多分、赤ちゃんが最初に常住の対象として捉えるのは、おかあさんでしょう。しかし、おかあさんの匂いは、お化粧をしている時も、風呂上りも、仕事をして汗をかいている時もあるでしょうし、いろいろです。声の調子も、機嫌によって違うでしょう。表情も、服装も、さまざまです。そのつどそのつど異なるおかあさんに繰り返し接して、おかあさんのカテゴリーの輪郭線は調整され、「いつも」の（無時間的で常住のイデア化された）「おかあさん」が赤ちゃんの中に形成されます。こうして存在としての「おかあさん」がつくりだされるのです。それ以降、「やさしいおかあさん」が別の評価に変わる場合もあるかもしれませんが、一貫した存在として捉えられ続けることになります。

では、人間の赤ちゃんがどのようにして自分を対象として捉えるようになるのか。先に触れた鏡の実験で、鏡に映った自分を自分だと思えるのは、人間の場合、一歳半を過ぎたころからなのだそうです。「〇〇ちゃん、笑ってくれたね」、「〇〇ちゃん、お眠ですか」、「〇〇ちゃん、おもらししたかな」というように、まわりの大人たちから繰り返し呼びかけられることで、大人たちが自分を対象化する視点を学んでいくのでしょう。小さな子どもは、自分をはじめは「〇〇ちゃん」と固有名詞で呼び、やがて、「あたし」とか「ぼく」とか代名詞を使えるようになります。この段階になって、他人の目を借りて自分を対象化するのではなく、自分の視点で自分を対象化することが完成するのだと思います。

つかんだり噛んだり蹴ったりといった自分のさまざまな縁起の自動的反応に対して、「〇〇ちゃん、すごい力ですね」「〇〇ちゃん、蹴ったらダメですよ」などと、周囲から名前のレッテルを貼った反応を返されることによって、ベンジャミン・リベットが発見した「後付けの意図」、すなわち「自分が意図して行動を起こしている」という妄想が生まれてくるのかもしれません。

大変複雑ないくつものプロセスがかかわっていると思いますが、いずれにせよ、人々の中で呼びかけられあやされながら成長することによって、やりたいこと、欲しいものがあり、嫌なことは嫌な「私」が存在すると妄想されるようになると考えます。狼に育てられたという姉妹の報告（一九二〇年インドで発見、保護）は、本当に狼に育てられたのか信ぴょう性が低いそうですが、もし大人たちに世話をされずに成長したら、自分を対象化して捉え、自分を実体視することはおそらくできないでしょう。

赤ちゃんの頃の次に重要な時期は、思春期だと思います。赤ちゃんから幼児になって、自分を常住の対象として捉え、存在すると思うようになりますが、思春期になると、単にああしたい、これは嫌という自分がいると思うだけではなく、自分が捉える「現実の自分」に満足ができず、「こうではない自分」、「あるべき理想の自分」を思い描くようになります。そして、「現実の自分」を「あるべき自分」につくり変えようとします。言わば、自分で自分に外科手術を施そうとするのが思春期です。危なっかしい手術ですから、失敗して道を踏み外すケースも多い不安定な時期です。芋虫から蝶へと変態する蛹《さなぎ》にも例えるべき重大な変化の時期だと思います。

「あるべき自分」はさまざまです。「異性にもてる」であったり、「仲間から一目置かれる」だったり、「道義的に正しい」だったりします。プロパガンダに踊らされて世直しの菩薩行に身を投じるのも、また、学生時代のわたしのように価値ある存在でなければならぬと苛立つのも、思春期を経て高まった我執のためです。我執は思春期において完成します。「こうではない本当の自分」を妄想し、それを実現しようと執着するのが、完成された我執です。

ところで、自分を存在として対象化することや我執は、目先の生存競争を勝ち抜く上で有利に働く一面もあります。

まず、対象として捉えた自分を、将棋の駒のように動かしてシミュレーションすることが可能になります。「俺がこうすれば、ああなるだろう。ああすれば、こうなるに違いない」とさまざまな選択肢を実行の前に比較検討して、最も有利と思われるものを選ぶことができます。

また、完成された我執は、「こうではないあるべき本来の自分」を妄想し、それを実現しようとすることでした。「あるべき本来の自分」を妄想すること自体は、そのつどの反応ですが、そのつど妄想される「本来の自分」は、一貫した「いつもの」「存在」です。普通の欲望が、「食べたい」とか「遊びたい」とか「眠りたい」といったその場限りの一時的なものであるのに対して、我執は、「実現すべき本来の自分」を一貫性、持続性のある存在として妄想しているので、「執念深い」とも形容すべき継続的な欲望として現れます。継続的に繰り返される我執は、シミュレーションの能力と結びつき、段取りを組んだり、万一に備えたり、策略を巡らしたりといった計画性を獲得し、目標達成力が強化され、競争に勝ち抜く力になります。我執は、それを実現するために必要もしくは邪魔と思われる他のさまざまなものへの、プラスもしくはマイナスの執着も派生させます。

こうして、執着や我執は、単純な欲望とは比較にならない強い願望実現力を得ましたが、一方で、それによって生み出される苦も飛躍的に大きくなってしまいました。

『サピエンス全史』（ユヴァル・ノア・ハラリ著、柴田裕之訳、河出書房新社、二〇一六年）は、進化史上最後に生まれたホモ・サピエンスが、先に誕生していたほかのホモ属を駆逐できた理由を、言語が架空の神話を語りうるようになり、それを共有することによって自然な群れのサイズを超えた大集団の協調的行動が実現し、獲物を独占して先行ホモ属を食料不足に追い込み、また組織的にジェノサイドもしたのでは、と推定しています。わたしなりに言い換えると、人類は、ホモ・サピエンスの段階になって我執が本格化し、「自分たちはほかのホモ属とは違う特別な存在だ」という妄想が大集団で共有され、他のホモ属を蔑視するようになり、闘争力が大幅に強化された、ということでしょう。この妄想は、もちろん言語の構想力が生んだものです。

「個体発生は系統発生を繰り返す」(ヘッケルの反復説:動物個体が受精卵から赤ちゃんへと成長していく過程は、その動物種がたどってきた進化の過程をなぞる、とする説—筆者註)を裏返して拡大解釈すれば、サピエンスの段階に至って動物進化は思春期を迎えた、と言えるのかもしれません。今、世界各地の言語が多様であることを考えると、ホモ・サピエンスは、アフリカから世界中に拡散していく途上でカテゴリーの数を爆発的に高めていき、複雑なことを語る言語、文法を発明し、架空の神話まで生み出し、自分たちはほかのホモ属とは異なる別格な存在であると妄想し、我執を強め、優越感や差別心をもって集団で先行のホモ属を追い詰めていったのだろうと想像します。我執は、個対個の対立を高めるだけでなく、仲間の連帯を強め、集団の争いを激化させる作用もするのです。当然、生み出される苦も甚大なものになります。

現代社会では、執着の成果が蓄積され、経済も軍事も高度に複雑化し発達しています。それにかかわる人たちは、自分は優秀で賢いと思いなして、敵を蹴落とし、あるいは互いに手を結び、知恵を絞ってライバルを出し抜こうとしのぎを削っています。しかし、段取りやシミュレーションや組織や手段がいかに高度化しても、根本の動機はまったくプリミティブで無反省な欲であり執着のままです。段取りやシミュレーションが高度化していくにつれて、影響力を行使する人の執着は他の人たちの執着を絡めとり、無数の多様な執着が噛み合ってますます精緻で巨大な執着のシステムをつくり上げるようになりました。そこから生み出される苦も甚大なものになっています。

ところで、釈尊の教えは、自分が無常で無我で縁起であることを知って、執着を鎮め、苦をつくることをなくそうとするものです。では、無常＝無我＝縁起を納得すれば、執着のみならず、自分を対象化することやカテゴリーでものごとを捉えることも停止するのでしょうか。仏は、脳卒中の最中のジル・ボルト・テイラーのように、すべてが流れ交わる、個物もカテゴリーもない世界をながめているのでしょうか。

そんなはずはありません。釈尊は、弟子たちから何度も質問を受け、そのたびに弟子の真意や抱える本当の課題を推察し、最適な方便、巧みな言葉を駆使して理解しがたい真実を説き、弟子たちを導きました。これは、普通の人（凡夫）をはるかに超えた高度なふるまいです。正しく状況を把握し、さまざまにシミュレーションをして最もふさわしい対応をした。そのためには、カテゴリーで捉えることも、さまざまにシミュレーションして検討を重ねて最善の答えを見出すことも、巧みな方便で言葉を使うことも釈尊において行われていたはずです。

つまり、無常＝無我＝縁起を自分のこととして腹に落ちて納得することは、条件反射や、カテゴリー認識や、自分を対象化して捉え、駒として動かしてシミュレーションするといった能力を失うことではないのです。高度な機能は維持されつつ、それを働かせる根本動因が執着ではなくなる。執着が沈静化した分、代わりに慈悲がのびのびと力を発揮する。高度な機能が、慈悲のために働きだすようになるのです。

サピエンスは、進化によって我執という競争力増強手段を獲得し、圧倒的な支配を確立しました。しかし、それは、弊害も大きく、甚大な苦をもたらしています。釈尊の教えは、それを是正するものだと捉えることができます。仏とは、DNAの変異によらない、言うなれば業縁による進化であり、サピエンス（凡夫）を超える新たな生態なのです。

無常＝無我＝縁起であるのに努力できるのか

読者の中には、ずっと疑念を持ちながら読んでこられた方もおられるでしょう。

「縁によって受動的に反応が起こされるだけなら、どうして主体的に精進したり努力したりできるのか」と。

親鸞は、「さるべき業縁のもよおせば、いかなる振る舞いもすべし」（歎異抄）といいました。良いことをしようと思っても、悪いことをしようと思っても、自分の思うとおりにはできない。業（過去に積み重ねてきた経験とふるまいによって形成された、その人らしい反応パターン）と縁（そのつど出会う刺激）の組み合わせによって、どんなふるまいだってしてしまう、と。

これは確かにそのとおりで、そのつどそのつどのふるまいは、業縁によって決まってしまいます。ベンジャミン・リベットが発見したように、そのつどのふるまいの起動プロセスは、わたしたちがそれを行おうと決心する前に始まっています。意図は後付けの錯覚でした。

しかし、釈尊が臨終に残した遺言は、「怠ることなく修行を完成なさい」でした（中村元訳『ブッダ最後の旅』岩波文庫、一九八〇年）。釈尊は弟子たちに怠らず努力することを求めたのです。では一体なぜ、無常＝無我＝縁起であるのに、努力が可能なのか。

そのつどのふるまいは業縁によって定まっても、長期的には業は変わるし、その結果、同じような場面で同じような縁を受けても、ふるまいは違ってくるのです。

毎日の生活の中で、新たな出会いがあり、新たな学びがあります。失敗したり、うまくいったりといった経験を繰り返します。そのようにして、新たな縁を受けて反応するたびに新たな業が蓄積されていきます。その中で良い業が蓄積されれば、反応パターンも徐々に苦を生むことの少ないものに変わっていきます。逆の場合は逆の結果です。

そのつどの反応をよいものにしていくことで、反応パターンがだんだんと良くなっていきます。そうすれば、ますます良い反応の頻度が上がり、蓄積される業がますます良くなっていきます。この、反応パターンを良くしていこうとすることが、努力です。

今ある反応パターンに、新たな別の反応パターンを競合させていくのです。自分の反応のパターンを違うものに置き換えようという努力によって、反応パターンは、すぐにすっぱりと変わることはなくても、うまくいったりいかなかったりを繰り返しながら、徐々に変わっていきます。

ジル・ボルト・テイラーは、左脳の機能回復につれて悪い感情が繰り返し立ち上がるようになると、そのたびに左脳に行き過ぎた反応をするなと言葉で言い聞かせる、と書いていました。我々も失敗をするたび、「二度と同じ間違いはしない」と反省します。これは、ジル・ボルト・テイラーと同じように、言葉で自分に言い聞かせているのです。こういう努力によって、反応パターンは時間をかけて変わっていきます。

八正道の最初に挙げられているのは「正見」です。これは、〈正しく見ること〉ではなくて、「正しい見解」であることは、すでに述べました（九一頁参照）。つまり、正しい見解に触れてそれが縁となって作用することで、教えの実践は始まるのです。釈尊の教えに縁を受けなければ、当然ながら釈尊の教えに学ぶことはできません。逆に、釈尊の教えに触れて「立派な自分がいてなにごとも賢く制御しているのではないんだ。わたしは、縁によって執着の反応を繰り返し、苦をつくってしまう凡夫なのだ。自分の反応に気をつけなくてはいけない」と思えれば、それが縁となって努力を生じさせ、だんだんと反応は整えられていきます。それが、戒でした。

「自分の反応に気をつけるというのが、すでに自力ではないか」——そんな突っ込みが聞こえます。しかし、すべて動物は、なんらかの反応をします。それは、「生きんとする盲目的意志」であり、足掻きとも言えますが、努力とみることもできます。ゾウリムシでも、水温が適温を外れると、繊毛の動きが活発になって（足掻いて）移動し、適温域にたどり着いたら繊毛の動きは低下してそこに落ち着きます。あらゆる生物は、そのような「努力」でホメオスタシス（生命個体内部の恒常性）を維持し、生命を持続しているのです。

このような生物共通の「努力」は、進化につれて高度化していきます。

池のコイたちが、手をたたく音に条件反射で押し寄せてくる迫力には、エサを得て生き延びようという「盲目的意志」の強烈さを感じざるを得ません。人間の場合も、例えばオーディションに受かったらプロになれると思えば、つらいレッスンでも懸命に励みます。コイの条件反射やプロデビューの夢も、業縁によるのです。愚かに苦をつくることはもうやめたいという発心もまた、業縁によるものであり、高度に洗練されていても、よりよく生きたいという一種の欲求であることに違いはありません。戒・定・慧に精進することも、高度化された一種の欲求です。つまり、努力も、業縁によって起こされる欲求の反応なのです。

釈尊の教えを聞いて、それが縁となって直ちに発心が立ち上がることもあるでしょう。すぐに反応が起こらなくても、釈尊の教えが心のどこかに残り、時を経てなにかの出来事が縁となって発心が起こることもあるでしょう。業縁が整わなければ、いくら自力で「発心するぞ」と力んでも、発心は起こりません。「苦をつくるのはもうやめたい。執着を鎮めたい」と思うにも、業縁が熟すのを待たねばなりません。だからこそ、その時に備えて釈尊の教えの縁を広げておくことは、とても重要なのです。

この拙論も、よき縁となって、苦の生産を減らすため自分という反応に気をつけようと思ってくださる人が一人でも増えれば、ありがたいことです。このミーム（情報や思想）が広がり、批判され補強され深化して、世の中のパラダイムが、苦を生むことの少ないものへゆっくりとでも変化していくことを期待します。

責任の問題

もうひとつ残された課題があります。責任ということをどう考えるか（一九八頁参照）。ここまでの議論を振り返ると、そのつどの反応は業縁によって起こります。自分という反応をよきものに整えていこうとする努力も、業縁によって可能になります。ただし、それは、業縁によるのですから自発的主体的に自分の決断だけで起こせるものではありません。

であれば、責任は問えないことになります。お互いに凡夫であることを考えれば、罰することはできません。罰を与えなければ気が済まないというのは、一種の執着であり凡夫の反応でありましょう。まずは、誰もが凡夫であると理解し、赦し合うこと。そして、その上でできることは、よき縁に触れてもらい、よき業を積んでもらい、反応パターンを苦をつくらないものに変えていってもらうしかありません。

足立力也さんの本（『平和ってなんだろう「軍隊をすてた国」コスタリカから考える』岩波ジュニア新書、二〇〇九年）によれば、コスタリカの刑務所は、お店があったり、電話ボックスがあったり、パートナーと二人きりですごせる家まであって、外部の日常に近いしつらえがされているそうです。その背景にあるのは、「犯罪によって人の人権を侵すのは、自分の人権が尊重された経験が乏しいから。自分が大切にされる経験をすることで、人の人権の大切さが理解され、再犯率は下がる」という考えだそうです。確かに、この逆に、刑務所を罰を与える場所と位置付けると、そこで悪い仲間との縁が広がり、世間から負のレッテルを張られて出所後生きづらくなり、かえって悪い仲間に頼るほかなくなる、ということがありそうです。

死刑についても触れれば、よき縁を得る機会を遮断することですから当然わたしは反対します。

ただし、お互いに凡夫であると理解し合って赦し合うというのは、批判しないことではありません。誰もが執着によって自動的に苦をつくってしまうからこそ、お互いに気をつけ合い、間違いを指摘し合い、学び合うことが必要です。批判は攻撃ではなく、ありがたいアドバイスなのです。

なんども触れましたが、科学技術が発達し、人類は大きなパワーを手にしました。地球全体が複雑に絡み合い、執着が執着をからめとっていくつもの巨大な組織が形成されています。それらは、互いに利用し合い、出し抜き合い、まるで狭い檻の中に閉じ込められた動物たちのように、いがみ合っています。その結果、生み出される苦は、甚大になっているのですから、お互いに気を付け合い、間違いを指摘し合うことは切実に重要です。目先の損得に目を奪われ、例えば原子力のような、将来にまで危険を押しつけるものに固執することは、批判されねばなりません。不安を煽って差別や憎悪を高めようとする策略にも警戒せねばなりません。歴史にも学んで、指導者たちが凡夫としてどんな間違いをしたのか、また操られた大衆が凡夫の集団としてどういう反応になだれ込んでしまったのか、反面教師として振り返ってみることも必要でしょう。

わたしたちは皆凡夫なのですから、その自覚を持ち、苦をつくらぬようにいつも自分に気を付けていることが大切です。お互いに凡夫であることを認めて赦し合い、よき縁を与え合い、みんなでよき業を積みよき反応になって、我執のレベルを下げていく。そういう努力も、縁によって生じます。

この本も、そのような縁のひとつになり、苦を減らしていこうという努力が少しでも世界に広がることを切に祈ります。

【註】

〈1〉縁起法頌

釈尊の最も重要な弟子の一人、サーリプッタは、もともとはサンジャヤ（当時一定の勢力のあった六人の思想家＝六師外道の一人。懐疑論者と言われる）のもとで修行していた。ある時、釈尊の最初の五人の弟子の一人アッサジに出会い、その姿に感銘を受けて、師は誰か、その教えは何か、と尋ね、アッサジは、ためらいながら、こう答えた。

「諸法（すべて）は因より生じる。如来はそれらの因を説く。また、それらの滅をも。偉大な修行者はこの様に説く」

これが縁起法頌とよばれるもので、これを聞いたサーリプッタは仲間とともにサンジャヤを捨て釈尊の弟子になる。縁起法頌は広く受け入れられ、後にはこれを書いた札が仏塔に納められるようにもなった。

〈2〉プラトンのイデア

現実の世界の具体的個物は、すべて必ずなにかしら不完全な部分があり完璧ではない。どのリンゴも傷があったり、歪《いびつ》だったりする。どんな三角形を描いても、いささかのゆがみもなく、かつすべての三角形一般であり得る理想の三角形ではない。この世界とは別に、個別具体物の不完全さを超えた完璧なもの（イデア）だけで構成される世界がある、とプラトンは考えた。

あとがき

初めに書いたように、この本の目的は、この世界を覆う苦を減らすために、釈尊の教えを、宗教としてではなく、わたしたち人類の自己理解の新たな可能性として提示することでした。それゆえ、仏教になじみのない人にこそ読んでもらいたいと思いました。そのために、脳科学とか条件反射とか、仏教に造詣のある方にとっては違和感を覚える話題が多くなったかもしれません。ただ、わたしからすると、現在の「仏教」は釈尊からずいぶん隔たっていると考えているので、そのような「仏教」に慣れ親しんだ方への問いかけとしても、かえって有効だったのではないかと思っています。

経済をはじめとして社会の仕組みは大変複雑になり緻密に絡まり合っています。グローバル化した巨大なシステムが増殖し、国家をも影響下に置くようになった中、そのメカニズムの内部で、また下で、多くの人々がすり減らされ押し潰されています。無数の人々のさまざまな執着が誰かの執着にからめとられ、束ねられて巨大なメカニズムを駆動し、膨大な苦を量産しているのです。

科学技術は急速に進展しているにもかかわらず、人間とはどういうものなのか、人間を突き動かしている根本動機がなんであるのかについては、ほとんど注意が払われていません。人間は、凡夫であり、つまり無自覚のまま自動的に苦を生み出してしまう執着の反応なのです。執着が効率の良い大掛かりな道具を得た結果、苦も効率よく大掛かりに大量に生産されるようになりました。

執着によって苦をつくっていることには無頓着であるにもかかわらず、自分の執着を実現するために人々の執着を利用する手法は大変高度に発達しています。プロパガンダと呼ばれるものです。わたしたちは、執着を操られて苦をつくることに加担していないか、そのことにも注意する必要があります。凡夫がそれに気を付けるためには、みんなでチェックし合うしかないのです。「民主主義は多数決」などという浅薄な主張は、プロパガンダで多数を騙し世間を操るためのもっともらしい隠れ蓑にすぎません。少数意見であれ尊重し、対等に批判し合って学び合い、考えを深めていく熟議の民主主義こそが重要です。

残念ながら、現状では「政治のプロ」に熟議を期待することはできそうもありません。「政治のプロ」たちは、わたしたちと同じ凡夫であるのに、上に立つものであるかのように思いあがり、立場を利用して自分の執着の実現に邁進しています。われわれ主権者が、凡夫の自覚のもとに熟議を心がけ、考えを深めた世論で「政治のプロ」たちを追い込んでいくしかなさそうです。

このような努力でひとつひとつ具体的な苦の生産に対処しながら、同時に、苦を生む根本原因である執着の、世の中全体のレベルを下げることも考えねばなりません。

その方法を説いてくれているのが、釈尊の教えです。自分が無常にして無我なる縁起の現象であることを知ることによって、我執が愚かで達成不能であることが痛感され、執着の根本である我執がなくなり、そこから派生するほかの執着も鎮まり、替わって慈悲が働きだす。釈尊は、無常＝無我＝縁起を自分のこととして知るための実践的カリキュラムを残してくれました。

自分も人も苦しめないためには、本来なら一人ひとりが釈尊が残したカリキュラムに則って無常＝無我＝縁起を自分のこととして深く納得しなければなりません。しかし、この小論は、そこまでを目的にするものではありません。万人に戒・定・慧の実践を求めることは無理でしょう。それでも一定の字数を無常＝無我＝縁起の説明に費やしました。その理由は、無常＝無我＝縁起でありながら、無常＝無我＝縁起を知らず、自分があると妄想してそれに執着している凡夫のありさまを説明するためです。

無常＝無我＝縁起の執着の自動的反応として自分を捉える見方が、宗教的な垣根を越えて、世の中にだんだんと普及するようにできないでしょうか。もしそれができれば、苦をまき散らしても自分の執着を叶えようとすることが、根絶はできなくても、非難されるようにはなるかもしれません。

幸い、人間を研究する科学も深化しつつあり、二五〇〇年遅れて釈尊の発見に近づいてきました。その知見も利用できるものは利用すべきだと思います。荒唐無稽だった地動説が、やがて天動説に替わる常識になったように、無常＝無我＝縁起が、自分のこととして深く納得するのではなくとも、知識（ミーム）としてであれ普及することを願います。それに伴い、世界全体の執着のレベルは、徐々に下がっていくことでしょう。

それだけでも極めてハードルの高い目標です。人々の執着によって駆動される巨大なメカニズムをパワーダウンさせるには、どれほどの年月が必要なのか。

しかし、放置しておくわけにもいきません。微力でも、問いかけるほかありません。世界を覆う苦に心を痛める人たちの共感に、期待しています。

二〇一八年七月七日

曽我逸郎

曽我　逸郎（そが・いつろう）
1955年長崎県対馬生まれ、滋賀県大津市で育つ。81年京都大学文学部哲学科卒業、広告会社入社。2002年早期退職して長野県中川村にＩターン移住。05年から17年まで中川村長。11年「全村挙げてＴＰＰ交渉参加反対デモ」実施。「脱原発をめざす首長会議」、「日本で最も美しい村」連合、「信州市民アクション」、「伊那谷市民連合」、「信州沖縄ネットワーク」などのメンバー。「国旗に一礼しない村長」としても話題に。釈尊の教え（無常＝無我＝縁起）を学んで苦の生産を減らすことを目指す。
著書：『国旗、国歌、日本を考える―中川村の暮らしから』（トランスビュー、2014年）
釈尊の教えを考える個人HP：http://mujou-muga-engi.com/
ツイッター：https://twitter.com/itrsoga

「苦」をつくらない
――サピエンス（凡夫）を超克するブッダの教え

●二〇一八年八月一五日――――第一刷発行

著　者／曽我逸郎

発行所／株式会社　高文研
東京都千代田区猿楽町二―一―八
三恵ビル（〒一〇一―〇〇六四）
電話０３＝３２９５＝３４１５
http://www.koubunken.co.jp

印刷・製本／三省堂印刷株式会社

★万一、乱丁・落丁があったときは、送料当方負担でお取りかえいたします。

ISBN978-4-87498-656-1 C0015